AF523648

Hans-Jörg Kühne

DUNKLE GESCHICHTEN AUS

Ostwestfalen und Lippe

Bildnachweis
Umschlagrückseite: Maria Frickenstein
S. 5: ullstein bild – Werner OTTO;
S. 9: picture alliance / akg-images;
S. 11: picture-alliance / DUMONT Bildarchiv;
S. 14: Dokumente: Stadtarchiv Lemgo, A 3653 a;
S. 17: Matthäus Merian, Martin Zeiller: Ritberg, in: Matthaeus Merian: Topographia Westphaliae, Merian, Franckfurt am Mayn 1647, S. 60;
S. 19: picture alliance / © dpa;
S. 22: Thomas Max Müller / pixelio.de;
S. 23: Hans A. Rosbach [CC BY-SA 3.0 (https://creativecommons.org)]
S. 27: Bain News Service, publisher [Public domain];
S. 30: ullstein bild – imageBROKER/hwo;
S. 32: Jochen Bergmann [CC BY-SA 2.0 de (https://creativecommons.org)]
S. 35: ullstein bild – ullstein bild;
S. 38: ullstein bild – Walter Frentz;
S. 42: Foto: Stadtarchiv Bielefeld;
S. 44: picture alliance / Mary Evans Picture Library;
S. 47: picture alliance / © dpa;
S. 50: Foto: Stadtarchiv Bielefeld;
S. 54: picture alliance / arkivi;
S. 57: Foto: G. Rudolf, Stadtarchiv Bielefeld;
S. 60: By Tamorlan – photo taken by Tamorlan, CC BY-SA 2.5, https://commons.wikimedia.org, Originalbild in Farbe;
S. 67: Foto: Peter Schütte, Löhne;
S. 71: Foto: Stadtarchiv Bielefeld;
S. 76: ullstein bild – Fishman.

2. Auflage 2025

Umschlaggestaltung: r2 | Ravenstein, Verden
Layout und Satz: Schneider Professionell Design, Schlüchtern-Elm
Druck und buchbinderische Verarbeitung:
optimal media GmbH, Röbel an der Müritz

34281 Gudensberg-Gleichen, Im Wiesental 1
Tel. 0 56 03 - 9 30 50   www.wartberg-verlag.de
ISBN 978-3-8313-3237-3

Inhalt

Das dunkelste Kapitel zuerst: Anmerkungen zum Charakter der Einwohner*innen

Um es kurz zu machen: bei den Einwohner*innen der Region Ostwestfalen-Lippe handelt es sich angeblich um einen maulfaulen Menschenschlag ohne besonders erwähnenswerte Eigenschaften, außer der, dass er zum Lachen nicht einmal in den Keller gehen muss, da diese Gefühlsregung hier so gut wie nie vorkomme. Die Ostwestfälinnen und Ostwestfalen hielten alle anderen Menschen im übrigen Deutschland für übernervös und aufgekratzt und liebten demgegenüber die Ruhe, ja, fast schon die Einsamkeit. Freundschaften müssten über viele Jahre hart erarbeitet, erkämpft werden. Und der Fremdling müsse ganz genau hinhören, um aus dem alltäglichen und eher stockenden Redefluss der ostwestfälischen Einwohner*innen jene Wortkombinationen herauszufiltern, die die größte Zuneigung signalisieren, das Angebot der Freundschaft auf ewig beinhalten würden und fast zärtlich seien. Wenn jemand zu Ihnen in recht muffeliger und schwer verständlicher Weise sage: „Wir grillen am Samstag. Können auch kommen!", seien Sie fast schon Familienmitglied.

Der römische Historiker Tacitus vertrat in seinen Werken übrigens die Auffassung, dass, wegen der Kälte und des Regens, niemand freiwillig jene Region aufsuche, die heute als Regierungsbezirk Detmold, beziehungsweise als Ostwestfalen-Lippe oder OWL bekannt ist. Tacitus folgerte messerscharf, dass sich deshalb die Bevölkerung samt und sonders aus Ureinwohner*innen zusammensetze.

Ende des 19. Jahrhunderts tauchte ein Text auf, dessen Provenienz bis auf den heutigen Tag vollkommen unklar ist, der sich

So lieblich kann Ostwestfalen-Lippe sein: die Altstadt von Brake mit Marktplatz und Rathaus.

aber trotzdem immer wieder zitiert findet, wenn nach dem Charakter der Menschen aus Ostwestfalen und Lippe gefragt wird. Obwohl die Zeilen lediglich die Eigenschaften des „Ravensbergers" schildern, der in der ehemaligen Grafschaft Ravensberg lebte und arbeitete. Sie, die 1816 aufgelöst wurde, bedeckte nur etwas mehr als ein Drittel der Fläche des heutigen Regierungsbezirks Detmold, beziehungsweise der Region Ostwestfalen-Lippe. Nichtsdestotrotz berauschen sich nach wie vor insbesondere Gäste und Zugereiste an den vernichtenden Zeilen: „Der Ravensberger ist stur, geistig nicht sehr elastisch; er hat ein langsames Auffassungsvermögen, behält aber das einmal Erfaßte gründlich. Er hängt am Alten bis zur Selbstschädigung, ist skeptisch gegenüber allen Neuerungen, vielfach auch dann, wenn er deren Vorzüge eingesehen hat, ist beharrlich und zäh in dem einmal Übernommenen, ernst, still, arbeitsam, genügsam, verläßlich genau, stetig und sauber in der Arbeit, und er neigt

mehr zur Einsamkeit als zur Geselligkeit. Wagemut, Weitsichtigkeit und schnelle Entschlußkraft gehen dem Ravensberger ab.“ Hier finden sich die Lipper*innen, die erst 1947 dem Regierungsbezirk eingegliedert worden sind, noch gar nicht berücksichtigt. Sie verstünden sich als eine ganz eigene Nation in den Grenzen ihres ehemaligen Freistaates. Sie seien keine Westfalen, schon gar keine Ostwestfalen, zu ihrem grenzenlosen Bedauern aber auf Gedeih und Verderb mit diesen verbunden. Und seltsamerweise seien sie sogar irgendwie stolz darauf, als noch sparsamer als die Schotten zu gelten. Natürlich wurden und werden darüber Witze gemacht. So sei die Entwicklung des Kupferdrahtes darauf zurückzuführen, dass sich zwei Lipper gleichzeitig nach einem Pfennig bückten, ihn aufhoben und nicht bereit waren, ihn dem jeweils anderen zu überlassen. Sie zogen so lange, bis … der Rest lässt sich vermuten. Zahlreiche weitere, zum Teil sehr üble und gemeine Witze über den Charakter der Lipper*innen kursieren in der Region. Sie sollen hier aber nicht wiedergegeben werden.
Der Kölner Kabarettist Jürgen Becker hatte sich in einem seiner Programme das ganze Übel kopfschüttelnd angeschaut, tief bedauert, dass sein geliebtes Rheinland mit seinen offenen, humorbereiten und karnevalverliebten Menschen mit den Westfalen in einem Bundesland zusammenleben müssten, und sich für Blauhelmeinsätze in Westfalen ausgesprochen. So weit muss es doch wirklich nicht kommen, oder?

Der unselige Arminius

Es war einer jener kalten, nebligen und regnerischen Morgen, von denen es in diesem schrecklichen Land schon so viele gab, als im Jahre 9 nach christlicher Zeitrechnung das Unglück hereinbrach. Von hinten und von beiden Seiten aus dem dichten Unterholz sprangen sie plötzlich hervor, die Germanen. Sie brüllten und schrien dabei wie Tiere, schwenkten ihre Schilde und Waffen. Gleich fünf von ihnen, mit langen Haaren und Bärten, stürzten sich auf Zenturio Rattenschreck, den Riesen im Manipel (Untereinheit einer römischen Legion), den Freund und Feind gleichermaßen fürchteten, schlugen auf ihn mit ihren Keulen ein. Er wusste kaum, wie ihm geschah, als sich zwei der Germanen in ihn verbissen. Einer schlug seine Zähne in die rechte Wade, der andere seitlich in seinen Hals. Rattenschreck wirbelte um sich selbst, versuchte, die Angreifer wie lästiges Ungeziefer abzuschütteln.

Seine Kameraden hatten es nicht viel leichter. Die Angreifer schlugen und prügelten mit aller nur denkbaren Kraft auf die vom Überfall vollkommen überrumpelten Legionäre ein. Bald lagen viele von ihnen auf dem nassen Waldboden, tödlich getroffen oder schwer verwundet.

Wie ein Spuk waren die Germanen aufgetaucht. Und bevor die Römer Verstärkung aus der vorn marschierenden XVII. Legion heranführen konnten, waren sie wieder verschwunden, in den hier besonders dichten Wald. Ein gutes Viertel der römischen Nachhut, um die 100 Mann, fielen aus.

Zenturio Rattenschreck hatte seine Angreifer abschütteln können. Ein Keulenhieb hatte ihm die Nase zertrümmert und die Oberlippe gespalten. Seine Augen waren glücklicherweise verschont geblieben. Er blutete stark und sah noch furchterregender aus als sonst.

„Nachsetzen, Zenturio?“, fragte ein Dekurio der Legionsreiterei, die gerade eintraf.
„Nein! Keinesfalls! Darauf warten sie bestimmt und metzeln euch dann auch nieder! Zusammenbleiben!“
Während sich Zenturio Rattenschreck nach vorn zu den Capsarii (Sanitäter) schleppte, ahnte er, was kommen würde. Der Überfall, so schnell, so hart, so brutal und entschlossen ausgeführt, war erst der Anfang gewesen.
Der Zenturio sollte recht behalten. In den nächsten vier Tagen wurden die drei römischen Legionen, die XVI., XVII. und XVIII. mit jeweils etwa 4500 Soldaten, ihren Auxiliartruppen und dem Tross von den beständig angreifenden Germanen unter Arminius, einem Cheruskerfürst, der früher einmal in römischen Diensten gestanden hatte, vollkommen aufgerieben. Keine offene Feldschlacht, sondern ein permanentes Zuschlagen an den schwächsten Stellen. Dem Schlachten dürften schätzungsweise 20 000 Menschen auf römischer Seite zum Opfer gefallen sein. Das war ein Achtel der gesamten römischen Streitmacht.
Als der befehlshabende römische Senator und Feldherr Publius Quinctilius Varus die Niederlage erkannte, stürzte er sich in sein Schwert und beging Selbstmord.
Im fernen Rom verbreitete sich die Kunde davon in rasender Schnelligkeit. Die Menschen standen unter Schock. Eine derartige Niederlage hatte es bisher noch nicht gegeben. Es war so unfassbar, dass zwar drei Legionen wieder neu aufgestellt wurden, um die Verluste auszugleichen, diese aber die Traditionsnamen und die Zählung der vernichteten Legionen nicht annehmen durften.
Wo genau die Kämpfe stattfanden, ist immer noch nicht vollends geklärt. Der römische Historiker Tacitus sprach jedenfalls vom Teutoburgensis Saltus, also dem Teutoburger Wald, als Ort der Aus-

Hier wird gemetzelt. Wir befinden uns in der Varusschlacht. Unser unseliger Held Arminius ist der in der Mitte auf dem weißen Pferd (Gemälde von Friedrich Gunkel, entstanden 1862–1864).

einandersetzungen. Vor einigen Jahren hieß es jedoch, dass viel eher eine Landschaft bei Osnabrück und Bramsche, die Kalkrieser-Niewedder Senke, als Kampfgebiet infrage käme, da dort eine Reihe vermeintlich eindeutiger Funde aus römischer Zeit gemacht wurden. In jüngster Zeit distanzierten sich die Archäolog*innen und Historiker*innen von dieser Meinung aber wieder und schenken aktuell den Ortsangaben des Tacitus den meisten Glauben.

Der große Historiker Hans-Ulrich Wehler sprach im Zusammenhang mit der auf das Jahr 9 nach christlicher Zeitrechnung datierten Schlacht immer wieder vom Anführer der germanischen Stämme als dem „unseligen Arminius". Hätte dieser sich nicht zum Anführer aufgeschwungen und die verbündeten Stämme zum Kampf geführt, würde, so Wehler, heute in Ostwestfalen und Lippe Wein angebaut und Touristen könnten die Reste römischer Hochkultur bestaunen. Der Gang der Dinge wäre leichter und – möglicherweise – friedlicher gewesen. Vielleicht hätte es auch keinen I. und II. Weltkrieg gegeben. Wer weiß, …

Hermann Cothmanns Obsessionen

Was war bloß in diesen Hermann Cothmann gefahren? Kaum hatten ihn die Stadtoberen im Jahre des Herrn 1667 zum Bürgermeister von Lemgo gewählt, war niemand mehr vor dem Scharfrichter sicher. Schon im gerade vergangenen Jahr, in dem er vom Stadtrat zum „Directore des Peinlichen Processus contra die Unholden und Hexen“ aufgestiegen war, zeichnete er für nicht weniger als 37 Todesurteile verantwortlich. Und nun legte er noch einmal nach. Dieser Tage mussten alle sehr auf der Hut sein, ganz besonders aber die Vorstände der reichen Familien in der alten Hansestadt. Nicht einmal vorm Adel machte die Hexenverfolgung Halt. Deren Vertreter murrten lautstark und beschwerten sich beim lippischen Landesherrn Graf Henrich über den allzu gnadenlosen Hexenjäger. Sie waren der Überzeugung, dass Cothmann ein falsches Spiel treibe. Unter dem Deckmantel der angeblichen Verfolgung von Hexen und Magiern beschuldige er gezielt insbesondere Männer mit großem Vermögen und überführe sie der Hexerei mittels der „Territion“ und der „Peinlichen Befragung“. Und wenn diese dann gestanden hätten und hingerichtet worden seien, verfalle ihr Vermögen der Stadt. Ein gehöriger Anteil davon gelange somit in den Besitz des Bürgermeisters. Dieser sei nichts weiter als habgierig, wolle sich auf solche Weise bereichern und lästige, einflussreiche Konkurrenten loswerden.

Allein dieser lautstark geäußerte Verdacht konnte einen in der von Aberglauben aufgeheizten Atmosphäre Lemgos schon den Kopf kosten. Schnell sahen sich nicht wenige der Angreifer Cothmanns selbst dem Vorwurf der Hexerei ausgesetzt. Der Bürgermeister schaltete und waltete, wie es ihm gefiel. Er konnte sich dabei auf das Wohlwollen des Landesherren Graf Hen-

Das prächtige Wohnhaus Hermann Cothmanns. In der Region kennen es die meisten unter dem Namen „Hexenbürgermeisterhaus“. Heute residiert dort das Städtische Museum Lemgo.

rich verlassen, der Cothmann schon vor dessen Bürgermeisterwahl zum gräflichen Landrat erhoben hatte. Der Landesherr fürchtete Unruhen und wusste, dass er in dem unnachgiebigen Bürgermeister einen starken Verbündeten hatte, der die landesherrlichen Vorstellungen rigoros durchsetzte. Ein paar Köpfe mussten eben rollen, ein paar Menschen verbrannt werden, damit das Volk zufrieden war. Das lehrte doch schon das Neue Testament.

Der Cothmannsche Terror endete erst 1683, mit seinem Tod im 53. Lebensjahr und nach dem ersten, aus Cothmanns Sicht, erfolglosen Hexenprozess gegen eine Frau namens Maria Rampendahl. Plötzlich war der Spuk vorbei. Ab diesem Zeitpunkt hat es nie wieder einen Hexenprozess in Lemgo gegeben.

Alles atmete auf. Das Klima der Denunziationen und haltlosen Anschuldigungen war vorbei, wich einem frischen Luftzug.

Für die meisten Lemgoer*innen (und nicht nur für die) blieb Cothmanns eindrucksvolles und reich verziertes Haus aber für immer das „Hexenbürgermeisterhaus". Lemgo selbst genießt bis auf den heutigen Tag den zweifelhaften Ruf, ein Zentrum der Hexenverfolgung gewesen zu sein. Das kam lange Zeit dem Fremdenverkehr zugute. Die Menschen gruseln sich eben gern. Aber warum hat der Bürgermeister seine Passion so verbissen betrieben? Manche glauben, dass es etwas mit seiner Mutter zu tun haben musste. Denn diese war 1654 selbst einem Hexenprozess zum Opfer gefallen und hingerichtet worden. Vielleicht war eine falsch verstandene Rache sein Motiv gewesen?

Das ging echt ins Geld: Die Kosten eines Hexenprozesses

Im Stadtarchiv Lemgo finden sich zahlreiche Akten zu den dort im 16. und 17. Jahrhundert stattgefundenen Hexenprozessen. Eine der bemerkenswertesten Archivalien ist eine umfangreiche Kostenaufstellung aus dem Jahre 1654, die folgende Überschrift trägt: „Den 17. August Anno 1654 ist Hermann Beschorens Hausfrau Anna Hake ihrer Zauberey wegen inhaftieret und den 25. dieses mit dem Schwerdt hingerichtet und begraben worden.“ Dann folgt eine Liste, die 25 einzeln bewertete Positionen enthält. Sie beginnt mit dem Posten „Den kleinen Dienern vor dem Angriff“, der mit zehn Groschen bewertet ist. In ein aktuelles Deutsch übertragen müsste es heißen „Den Gehilfen für das Ausführen der Folter (Angriff)“. Der folgende Posten erwähnt einen Reinke Lüking und einen Joist Hellink, die „… acht Tage bey ihr gewacht, geben 3 Rtlr. 20 Gr“. Weitere Beträge für Speisen und Getränke werden aufgeführt und die Gebühren für die „Beyden Beysitzern“, „Dem Richter“, „Dem Ampts Ankläger“, „Dem Defensori“, „Dem Secretario“ und anderen genannt. Zu den teuersten Posten gehören die Gebühr für den Scharfrichter M. David, der für die Hinrichtung 5 Reichstaler bekam und noch einmal fast derselbe, sehr hohe Betrag für das von den Männern getrunkene Lemgoer und Mindener Bier. Der Sarg schlägt mit einem Reichstaler zu Buche und die „Salben, welche M. Davids an dieser verbraucht“ mit zwei Reichstalern.

Was war hier genau geschehen? Weshalb so viel Geld für Bier und Salben?

Die der Hexerei angeklagte Frau wurde offenbar ganze acht Tage verhört. Möglicherweise fand das in einem Lemgoer Kellerraum statt. Die zahlreichen mit dem Prozess befassten Per-

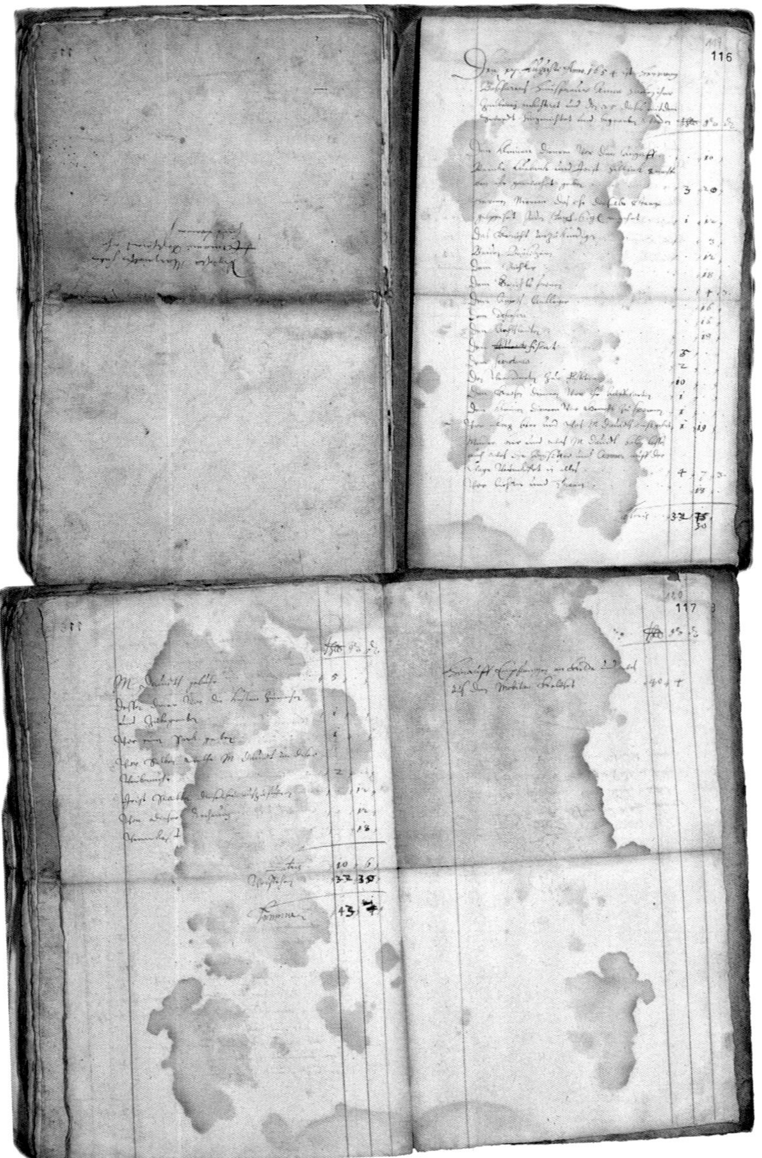

So unspektakulär sieht das Original der Rechnung des Hexenprozesses vom August 1654 aus.

sonen forderten ihre Gebühren und Geld für Verköstigung und Getränke während der Arbeitszeiten. Dass es sich dabei ausschließlich um Bier handelte, dürfte seine Gründe in der Skepsis haben, mit der damals Brunnen- oder Bachwasser begegnet wurde. In aller Regel war dieses nur mit äußerster Vorsicht zu genießen, da allzu oft tote Tiere darin herumschwammen und es damit vergiftet war. Dessen ungeachtet liegt der Verdacht nahe, dass vor allem deshalb übermäßig viel getrunken wurde, weil die am Prozess beteiligten Männer in guter Laune waren und diese mittels Alkohol noch zu steigern suchten. Rückblickend betrachtet dürfte so mancher Anwesende seine tatsächlichen oder potenziell vorhandenen sadistischen Neigungen ausgelebt haben. Vergewaltigungen der vermeintlichen Hexen, insbesondere dann, wenn es sich um junge Frauen handelte, waren sowieso an der Tagesordnung. Dem mehr oder weniger verschämten Voyeurismus, unter dem Deckmantel eines formal korrekten juristischen Verfahrens, war damit Tür und Tor geöffnet.
Und die Salben? Die Henker wussten, wie Knochen gebrochen wurden, und wie sie wieder zusammenwuchsen. Und sie kannten die Heilkraft verschiedener Salben bei zahlreichen Verwundungen. Wahrscheinlich wurde die Angeklagte tagsüber gefoltert, dann über Nacht auf die wunden Stellen Salben aufgetragen, damit am nächsten Tag die „Peinliche Befragung‘ am selben Ort wieder aufgenommen werden konnte.
Wehe denen, die damals wegen Hexerei in die Mühlen der Justiz gerieten!

Rietberg und sein Richtplatz

Das ist schon seltsam! In der „Topographia Westphaliae" des Matthäus Merian befindet sich eine befremdliche Ansicht der Stadt Rietberg aus dem Jahre 1647. Eigentlich ist es nur ein Detail, das einigermaßen beunruhigend wirkt. So zeigt das Bild die Stadt im Hintergrund, während vorn freies, offenbar landwirtschaftlich genutztes Feld zu sehen ist. Rechts im Bild, sehr klein und detailverliebt gezeichnet, befindet sich der Richtplatz. Ein Galgen ist erkennbar, daneben, auf einem Pfahl, das Rad. Skurril wirkt die Tatsache, dass am Galgen, klitzeklein und perspektivgerecht, tatsächlich ein Delinquent baumelt. Zwei ebenso kleine Personen befinden sich auf einem Weg, der direkt an der Richtstätte vorbeiläuft. Sie sind Richtung Stadt unterwegs.

Nirgendwo sonst in der Topographia Westphaliae oder der Topographia Germaniae werden aufmerksame Leser*innen eine solch bemerkenswerte Stadtansicht finden. Warum hat der damalige Merian-Zeichner nicht auf diese Details, also Galgen und Rad, verzichtet? Das konnte doch wirklich keine gute Werbung für die Grafschaft Rietberg sein. Oder etwa doch? Signalisierte das vielleicht, dass dort, in diesem kleinen Land, auf Recht und Ordnung besonderer Wert gelegt wurde? War das vielleicht in jenen Jahren sogar ein Qualitätsmerkmal? Denkbar ist allerdings auch, dass sich der Mitarbeiter Merians, der den Stich anfertigte, für eine mögliche schlechte Behandlung oder zu geringe Entlohnung seiner Mühen durch die Rietberger Stadtvertretung an derselben rächen wollte.

Die verfügbaren Archivalien geben zur Aufklärung dieses „Falles" nicht sehr viel her. Außer, dass ein Dokument aus dem Jahre 1703 die Wertschätzung spiegelt, die der Graf von Rietberg ausdrückte, als er die Anforderungen für die Neubesetzung der

Rietberg und sein Richtplatz: (Keine) Werbung für die Stadt? Abbildung in der Topographia Westphaliae.

Scharfrichter-Stelle festlegte. Derselbe müsse im Grunde auch die Position eines Armenarztes ausfüllen, denn, dass „... ein Scharfrichter nicht allein in einem Ort gehalten wird, die Bosewicht zu exequiren, sondern daß er den armen Leuthen mit seinen Curen helfe".

Henker galten als Heilkundige und Chirurgen, die sich bei ihrer Tätigkeit, etwa dem Foltern und Hinrichten, viele anatomische Kenntnisse aneignen konnten. Weitere medizinische Kompetenz konnten sie nach dem Foltern erlangen, wenn sie aufgefordert waren, die Delinquenten für die Hinrichtung gesundheitlich, so gut es ging, wiederherzustellen. In diesem Zusammenhang sei der Hof- und Leibphysikus des Preußenkönigs Friedrich I. erwähnt. Es handelte sich um den Berliner Scharfrichter Coblenz.

Zugegeben: Das Rätsel um die seltsame Darstellung Rietbergs durch Matthias Merian (oder einen seiner Mitarbeiter) ist damit noch längst nicht gelöst.

Die letzte öffentliche Hinrichtung in Preußen

Öffentliche Hinrichtungen waren, aus Sicht der sie durchführenden Städte und ihrer Stadtoberen, der Händler, Kaufleute, Herbergsväter, Gastwirte, Bordellwirte, Handwerker, Musiker und anderer, eine lohnende Sache. Denn zu diesen – nicht selten überaus grausamen – Veranstaltungen strömten die Menschen von nah und fern und brachten ihr Geld mit. Eine Hinrichtung bedeutete für sie eine willkommene, meist spektakuläre Unterbrechung des sonst an Sensationen nicht unbedingt reichen und oft beschwerlichen Daseins. Diese Spektakel waren etwas „für die ganze Familie". Die Zuschauer*innen gaben acht, dass die jüngsten vorn, in der ersten Reihe stehen und das Ganze aus nächster Nähe beobachten konnten. Die „Kindheit", also jene Jahre, in denen das Kind vor schädlichen Einflüssen wie etwa Gewaltdarstellungen, zu schützen sei, ist, das sei hier erwähnt, eine „Erfindung" der Neuzeit.

So waren auch zu den beiden letzten öffentlichen Hinrichtungen in der preußischen Provinz Westphalen, die am Morgen des 18. März 1851 in Lübbecke stattfanden, viele Tausend Menschen geströmt. Das Liebespaar Elisabeth Thiemeier und Wilhelm Moehlmann aus Isenstedt wurde an diesem Tag auf dem Schafott mit dem in Preußen 1811 zu Hinrichtungszwecken eingeführten Beil geköpft.

Dass es sich um die letzten öffentlichen Hinrichtungen handelte, war zu diesem Zeitpunkt den Verantwortlichen noch nicht klar, ist aber dennoch erwähnenswert. Noch bemerkenswerter ist allerdings der Tathergang, für dessen Ergebnis nun die Frau und der Mann sterben sollten. So war ihr Verhältnis dem Ehemann von Elisabeth Thiemer längst bekannt. Er nahm es schweigend hin, da die Ehe offenbar zerrüttet war und auch er sich mit einer anderen Frau traf. Aus welchem Grund auch immer beschlossen dennoch die beiden Verurteilten, ihn zu töten. Das geschah im September 1847. Sie schlichen des nachts in sein Isenstedter Haus und erschlugen ihn dort mit einer Holzkeule. Wilhelm Moehlmann musste häufig und mit aller Gewalt zuschlagen, bis endlich der Tod eintrat. Danach erst fassten die Täter den Entschluss, ihren Mord auf irgendeine Weise jemand anderem in die Schuhe zu schieben, da sie befürchteten, der Verdacht könne andernfalls sofort auf sie, die Ehebrecherin und ihren Komplizen, fallen. Das, was sie nun inszenierten, kann nur unter der Rubrik „skurril" subsummiert werden. Denn sie schleiften mit vereinten Kräften und im Schutze der Nacht den Leichnam auf den Acker eines Nachbarn. Dort stellten sie neben dem Toten einen Korb mit Kartoffeln ab. Ihre Überlegung zielte offenbar darauf, dass die Entdecker der Leiche annehmen sollten, der

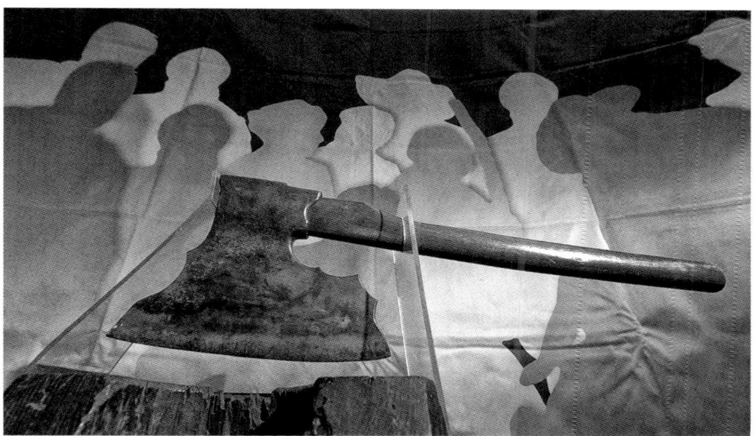

Dieses vom Berliner Schmiedemeister Zeitz gefertigte Richtbeil war seit 1811 in Preußen bei Hinrichtungen „anzuwenden". Das bis dahin verwendete Schwert als Exekutionsinstrument war nun Geschichte.

Nachbar habe den ehemaligen Mann der Täterin beim Kartoffeldiebstahl auf frischer Tat ertappt und dann erschlagen.
Diese Naivität war schon sehr verwunderlich. Warum sollte der Nachbar einen vermeintlichen Kartoffeldieb erschlagen, die Leiche und das Diebesgut aber an Ort und Stelle liegen lassen, ins Haus gehen, bis zum nächsten Morgen schlafen, um erst dann den örtlichen Behörden den Diebstahl samt dem Totschlag zu melden?
Nachdem die wirklichen Täter verhaftet waren, verbrachten sie zwei Jahre im Herforder Gefängnis. Während der Haft brachte Elisabeth Thiemeier ein Kind von Wilhelm Moehlmann zur Welt. Zwei Jahre lang leugneten beide beharrlich ihre Tat, gestanden dann aber, widerriefen jedoch sofort wieder. Trotzdem erfolgte die Verurteilung beider zum Tode. Ein Gnadengesuch an den preußischen König wies dieser zurück, obwohl die Täter tiefe Reue zeigten.
Wilhelm Moehlmann, am Morgen der Hinrichtung und im Angesicht des Schaffots, habe dem Gerichtsdirektor, der das Todesurteil vorlas, den Exekutionsdienern und dem Scharfrichter zum Abschied die Hände geschüttelt und sich dann bereitgemacht. Der Scharfrichter sagte dazu später, dass dies einer der wenigen Fälle gewesen sei, wo ihm Zweifel kamen, er Mitleid verspürte, und sich selbst habe „ermutigen müssen“, endlich mit dem Beil den Kopf vom Rumpf zu trennen.

Eine seltsame Bude!

Das ist schon eine seltsame Bude! Auch, wenn das Junkerhaus am Lemgoer Ortseingang – außen wie innen – mittlerweile als eine Art Gesamtkunstwerk anerkannt ist, als „Outsider-Art" oder „Art Brut", um es international auszudrücken, bedarf es doch einer gefestigten Psyche, um sich dort hineinzutrauen und umzuschauen.

Im Grunde kann das Ensemble, insbesondere seine Einrichtung, mit Worten kaum angemessen beschrieben werden. Auch Fotos vermögen das nur bis zu einem gewissen Grad. Die Atmosphäre muss erlebt werden.

Es handelt sich um ein 1889 von dem gelernten Lemgoer Tischler Karl Junker erbautes Gebäude, eine Kombination von Fachwerk und Backstein. An den Verzierungen und dem Innenausbau arbeitete er selbst beständig weiter, über 20 Jahre lang, bis zu seinem Tod im Jahre 1912.

Zuallererst ist die Farbgebung der Fassade auffällig: Orange, Ocker, Weiß, Grau und Rot. Die Fachwerkbalken sind mit Schnitzereien verziert, keine Stelle scheint ausgelassen. Es wirkt etwas „überladen". Dieses „zu viel des Guten" setzt sich im Halbdunkel des Innern mit aller Macht fort. Es findet sich kein Detail im gesamten Gebäude, das nicht mit irgendeiner Schnitzerei verziert wäre. Und was für Schnitzereien! Sie ließen sich im architektonischen Jargon sicherlich alle fachlich korrekt bezeichnen. Aber das würde das Erschreckende nicht fassen. Alle Elemente, ob aus einem Möbelstück herausgeschnitzt oder nachträglich und in dunkler Farbe aufgebracht, haben etwas, das vielleicht am besten als „wurmartig" bezeichnet werden könnte. Andere Verzierungen, insbesondere an den Decken, Ecken und Wänden und in einer solchen Menge und Dichte vorhanden, erinnern an menschliche oder tierische Knochen.

Seltsame Bilder in blassen Farben, ebenfalls von Karl Junker geschaffen, unterbrechen diese Schnitzorgien. Sie zeigen unter anderem offenbar die römischen Schutz- und Hausgötter, wie etwa die Penaten.
Bizarr wirkt eine Art Holzthron in einem der Zimmer. Drei Stufen führen zu ihm hinauf. Hat Karl Junker dort gesessen und auf die Welt hinabgeschaut? Königinnen und Könige sitzen doch gemeinhin auf einem Thron. Fühlte er sich als König? Was war sein Königreich? Wo befand es sich? Woraus bestand es?

Von außen und bei schöner Beleuchtung sieht's gar nicht so unheimlich aus.

Aber wehe, der erste Schritt ins Innere ist getan!

Alles in diesem zugebauten Haus wirkt eng, dunkel, bedrohlich und, ja, in gewisser Weise sogar etwas eklig. Nicht ein Zimmer ist dabei, das so etwas wie Gemütlichkeit, Wohnlichkeit oder Heimeligkeit ausstrahlen würde, obwohl es höchstwahrscheinlich doch so geplant war.

Allen aktuellen Entwicklungen, Analysen und Neu-Beurteilungen dieser Arbeiten und des verantwortlichen Künstlers Karl Junker zum Trotz drängt sich bei vielen Besucher*innen, wenn sie nach ihren Eindrücken gefragt werden, nach wie vor die Frage auf, ob der Erbauer nicht doch vielleicht an einer, wie auch immer gearteten Verwirrung litt, die ihn diese Dinge bauen ließ, die doch so kalt und abstoßend wirken und auf eine ganz eigene, für die Außenstehenden fremde und irgendwie erschreckende Welt hindeuten.

Karl Junker war 1850 in Lemgo zur Welt gekommen und verlor seine Eltern schon mit sieben Jahren. In seiner Jugend absolvierte er eine Tischlerlehre, ging dann nach Hamburg und Berlin und arbeitete dort in seinem erlernten Beruf. Danach machte er sich auf nach München, lernte und arbeitete dort an der Kunstgewerbeschule. Anschließend besuchte Junker Pompeji und lebte eine Zeit lang in der Künstlerkolonie Olevano Romano, östlich von Rom. Und dann kam er zurück in seine lippische Heimat, wo er dieses Haus baute.

Aus Junkers Hamburger Zeit sind zwei Briefe überliefert. Darin berichtet er von seiner großen Liebe zur Tochter seines Meisters. Eine Heirat fand aber nicht statt. Irgendetwas hatte nicht gestimmt zwischen den beiden. Oder vielleicht war auch der Vater gegen die Ehe gewesen. Jedenfalls entstand daraus ein jahrzehntelang gepflegter Mythos um das seltsame Haus in Lemgo. Noch in den 1960er-Jahren befand sich vor dem Gebäude eine Art Gedenktafel mit der Aufschrift: „Junkerhaus. Denkmal eines unglücklich Liebenden." Demnach sei Karl Junker, aus Trauer um die verschmähte Liebe, in seine Heimatstadt zurückgekehrt und habe nun, in steter Erinnerung und immer wieder genährter Hoffnung, dass die Frau seines Lebens doch noch nach Lemgo kommen könne, am gemeinsamen Haus gebaut. Tatsächlich ist es ganz und gar auf die Lebensnotwendigkeiten einer Familie ausgerichtet. So findet sich dort unter anderem auch ein Kinderzimmer mit Kinderbettchen.

Karl Junker verließ bald sein Haus in Lemgo nur noch des Nachts. Niemand sollte und durfte ihn besuchen. Bestellte Nahrungsmittel und Einkäufe mussten ihm die Lieferanten vor die Haustür stellen.

Das Junker-Haus gehört heute zu den Museen der Stadt Lemgo. Der neue Museumsanbau bietet Einblick in das umfangreiche Werk des Mannes, der heutzutage, nach neueren Beurteilungen und Interpretationen, nicht mehr als geisteskrank, sondern eher als Sonderling eingestuft wird.

Im wahrsten Sinne des Wortes in der Versenkung verschwunden: U-Boot-Kommandant Otto Eduard Weddigen

Wie wird eine Erzählung von einer hellen zur dunklen Geschichte? Zum Beispiel so: Otto Eduard Weddigen, am 15. September 1882 in Herford geboren, Sohn eines Leinenfabrikanten, besuchte das dortige Friedrichs-Gymnasium und erwarb damit unter anderem die Berechtigung auf einen Offiziersanwärterposten in der Reichswehr. Und das war auch der Lebensweg, den sich Otto Eduard erwählt hatte. Seinem Vater passte das gar nicht, er hätte es lieber gesehen, dass sein jüngstes von insgesamt elf Kindern in seine unternehmerischen Fußstapfen getreten wäre. Aber nicht mit Otto Eduard! In der Schule bestach er sowieso nicht unbedingt durch fulminante kognitive Leistungen, die möglicherweise auf kaufmännisches Geschick hätten schließen lassen. Demgegenüber fanden die Lehrer seine praktischen Begabungen und die sehr guten sportlichen Leistungen überaus erwähnenswert.

Das Offizierskorps des Kaiserlichen Heeres jener Jahre war vom ostelbischen Adel dominiert. Dort hätte es für den bürgerlichen Weddigen keine wirklich guten Aufstiegschancen gegeben. Demgegenüber bot die Marine, das Lieblingsspielzeug des Kaisers, auch Bürgerlichen einen Weg nach oben. Und dort ging sein Aufstieg schnell vonstatten. Im Jahre 1902 war er Fähnrich zur See und zwei Jahre später Leutnant zur See. Von 1906 bis 1908 tat er Dienst beim Ostasiengeschwader in der deutschen Kolonie Kiautschou in China, wurde zum Oberleutnant zur See befördert und stieß nach seiner Rückkehr im Jahre 1908 zur im Aufbau befindlichen U-Boot-Waffe. Dort war er auf verschiedenen Booten zunächst Wachoffizier, wurde dann Kapitänleutnant und bekam eigene Kommandos.

Nach anfänglichen Misserfolgen zu Beginn des Zweiten Weltkriegs mit der neuen U-Boot-Waffe gelang Weddigen am 22. September 1914 mit seinem U 9 die Torpedierung und Versenkung von drei britischen Panzerkreuzern in der Nordsee. 1500 britische Seeleute fanden dabei den Tod. Schlagartig war Otto Eduard Weddigen damit zum neuen Kriegshelden avanciert.
Sein Empfang in Wilhelmshaven war triumphal. Mannschaft und Kapitänleutnant wurden mit Eisernen Kreuzen Erster und Zweiter Klasse überschüttet.
Nicht einmal drei Wochen später traf Weddigen wieder ins Schwarze. Dieses Mal versenkte er den britischen Kreuzer Hawke. Kaiser Wilhelm II. rastete schier aus vor Begeisterung. Für Weddigen bedeutete das die Verleihung des höchsten preußischen Tapferkeitsordens, des „Pour le Mérite“, durch den Kaiser höchstselbst.
Danach ging es für Weddigen im nunmehr uneingeschränkten U-Boot-Krieg, der sich jetzt wider das Völkerrecht auch gegen Handelsschiffe richtete, mit „Erfolg“ weiter.
Seine letzte Feindfahrt begann am 13. Februar 1915 mit seinem neuen Boot U 29. Auf dem Rückmarsch von der erfolgreichen Versenkung dreier Handelsschiffe und der Beschädigung zweier weiterer begegnete das aufgetauchte U 29 der britischen Grand Fleet. Das Schlachtschiff „Dreadnought“ rammte Weddigens Boot, es sank mit Mann und Maus. Niemand überlebte.
Im Deutschen Kaiserreich war schon zu Lebzeiten Weddigens ein wahrer Hype um diesen „Kriegshelden“ ausgebrochen, der sich nun, nach seinem Tod mit 33 Jahren, noch einmal gewaltig steigerte. Sein Konterfei zierte Wandteller, Medaillen und Bierkrüge, Porträts und Büsten waren im Umlauf, Legenden entstanden. In Herford, seiner Heimatstadt, hatten sich die Stadtoberen fast umgebracht in dem Bestreben, diesen berühmten

Vom Fotografen zwar geadelt, dafür aber falscher Dienstgrad: Hier sehen wir den bürgerlichen Kriegshelden, der kein „von" im Namen trägt, dafür aber längst Kapitänleutnant ist (das entspricht in der Armee einem Hauptmann).

Sohn der Stadt angemessen zu würdigen. Ehrenbürger war er dort schon seit 1914, eine Tafel an seinem Geburtshaus wies auf den Kriegsheld hin. Darüber hinaus gab der Rat der Stadt einer Straße an der Werre den Namen „Otto-Weddigen-Ufer“.

In den Jahren der Weimarer Republik und insbesondere in der Zeit des Nationalsozialismus blieb Otto Weddigen einer der Vorzeigehelden schlechthin. Zahlreiche Straßen und Einrichtungen in deutschen Städten wurden nach ihm benannt.

Was ist heute von dem einstigen Kriegsheld geblieben? Nach 1945 geriet er langsam in Vergessenheit. Einige Heftromane erschienen in den 1950er-Jahren, wie etwa „Mit Weddigen auf großer Kriegsfahrt“ (1953).

Die Erzählung vom Leben und Wirken des Otto Weddigen ist von einer „strahlenden“ zu einer eher dunklen Geschichte geworden. Insbesondere seit den scharfen politischen Diskussionen der 1960er- und 1970er-Jahre erschien die Erinnerung an einen „Kriegshelden“, der unmittelbar für den Tod vieler Menschen verantwortlich zeichnete, in der Bundesrepublik Deutschland nicht mehr opportun.

Die Schwarze Sonne

Irgendwann taucht sie plötzlich linker Hand auf, unvermittelt, auf dem Weg in den Südosten der Region, nach Büren oder ins Sauerland: Die Wewelsburg. So dunkel und schuldbeladen sieht sie gar nicht aus, wie sie dort oben auf einer bewaldeten Anhöhe steht, mit ihrem markanten dreieckigen Grundriss.

Ihre erste Ausgabe war um das Jahr 1123 von Friedrich von Arnsberg errichtet worden. Bald wurde sie zerstört, dann wieder aufgebaut, dann wieder zerstört … Die Grafen von Waldeck und die Fürstbischöfe von Paderborn wechselten sich als Besitzer über die Jahrhunderte ab.

Von 1603 bis 1609 entstand schließlich die Burg in etwa so, wie sie sich heute darstellt: die Einflüsse der Renaissance sind überall erkennbar.

Als Heinrich Himmler während des lippischen Landtagswahlkampfs im Januar 1933 auf die Burg aufmerksam gemacht wurde, war es um sie geschehen. Von 1934 bis Kriegsende wurde sie von der SS „angemietet". Zunächst sollte sie zu einer Schulungsstätte für SS-Führer umfunktioniert werden. Ab 1939 änderten sich diese Pläne. Nun hieß es, ein Versammlungsort für die SS-Obergruppenführer (SS-Offiziere im Generalsrang) sollte entstehen. Doch auch dieses Vorhaben blieb weitgehend Makulatur. Nur ein einziges Mal traf sich eine Gruppe hoher Funktionsträger der SS im Juni 1941. Von diesen wurden wahrscheinlich Einzelheiten des Vorhabens „Unternehmen Barbarossa", also des Angriffs auf die Sowjetunion, besprochen.

Das war's dann aber auch schon. Mehr fand auf der Wewelsburg, grosso modo, nicht statt. Gut, es gab umfangreiche Umbauten durch die SS. Burggräben waren vertieft worden,

Das ist sie, die „Schwarze Sonne“ im „Obergruppenführersaal“ der Wewelsburg.

eine neue Brücke gebaut und der Putz abgeschlagen worden, damit alles irgendwie burgähnlicher und nicht so sehr nach Renaissanceschloss aussah. Im Innern prangten nach den Baumaßnahmen an allen möglichen und unmöglichen Stellen SS-Runen und andere Ornamentik, die von der SS annektiert worden war. Dazu gehörte auch die „Schwarze Sonne“. Sie befindet sich noch heute als eine Art Relief im Fußboden des „Obergruppenführersaals“ im Nordturm der Anlage. Es handelt sich um ein Symbol aus zwölf in Ringform gefassten und gespiegelten Runen. Werden drei Hakenkreuze übereinandergelegt, ergibt sich daraus die Schwarze Sonne. Die Zahl zwölf spielt bei den Interpretationen dieses Symbols, mit dem sich insbesondere seit den frühen 1990er-Jahren rechtsesoterische und rechtsextreme Gruppen befassen, die größte Rolle.

So weisen die zwölf Speichen des Ornaments auf jeweils eine der zwölf Säulen im Obergruppenführersaal. Dahinter, in der Außenwand, befinden sich zwölf Nischen. Handelt es sich dabei um eine Reminiszenz an den aus zwölf Rittermönchen bestehenden Konvent der Deutschordensritter? Oder sind vielleicht die zwölf Asen, also die kriegerischen Götter aus der isländischen Edda, gemeint? Möglicherweise aber auch die zwölf Ritter der Tafelrunde des König Artus. Aus nationalsozialistischer Zeit ist nichts überliefert, was eine eindeutige Zuordnung des Symbols zuließe. Und es bleibt ebenfalls im Dunkeln, aus welchen Gründen sich ausgerechnet in der jüngeren Zeit so viele Menschen mit zuweilen unklaren politischen oder sonstigen Motiven mit der Schwarzen Sonne befassen.

Wirklich dunkel: Dachs, Stöhr und Elritze in Porta Westfalica

Für die Menschen aus Ostwestfalen und Lippe bezeichnet der Begriff „Porta" oder „Porta Westfalica" dreierlei: den Weserdurchbruch zwischen Wiehengebirge und Wesergebirge, die dieses Tal umfassende Stadt und das Kaiser-Wilhelm-Denkmal auf dem Wittekindsberg, das wegen des eindrucksvollen Ausblicks nach wie vor Ziel unzähliger Familien- und Schulausflüge ist. Unter dem Denkmal, tief im Innern des Bergs, wurde ab März 1944 schwer gearbeitet, wurden gewaltige Stollensysteme vorangetrieben und ausgebaut. Genau gegenüber, im Jakobsberg, auf der anderen Seite der Weser, passierte Ähnliches. Die SS-Sonderinspektion I hatte sich im altehrwürdigen Restaurant und Hotel Großer Kurfürst am Fuße des Jakobsbergs einquar-

So sieht es heute tief im Jakobsberg aus: Ein Blick in die Maschinenhalle der Produktionsstätte „Dachs I“.

tiert. Von dort aus wurden die Bauarbeiten koordiniert. Zum Einsatz kamen, unter menschenunwürdigen Bedingungen, etwa 3300 KZ-Häftlinge aus dem Konzentrationslager Neuengamme bei Hamburg, mehr als 2000 Kriegsgefangene und Zwangsarbeiter*innen und um die 2500 „Zivilarbeiter*innen“. Bei Letzteren handelte es sich um im von der Wehrmacht besetzten europäischen Ausland angeworbene „normale“ Arbeitskräfte, die vielfach den deutschen Versprechungen einer gut bezahlten Arbeit im Deutschen Reich geglaubt hatten und sich nun häufig in einer ähnlichen Zwangslage befanden wie die tatsächlichen Zwangsarbeiter*innen.

Etwas weiter östlich, in Kleinenbremen, wurde das dortige Eisenerzbergwerk, die Zeche Wohlverwahrt, von noch einmal 1000 Arbeitskräften der Organisation Todt zur unterirdischen Fabrik ausgebaut. Auch hier kamen Zwangsarbeiter*innen, insbesondere aus Polen, zum Einsatz und die Arbeiter*innen privater Baufirmen. In die mächtigen Stollenanlagen, zum Teil vier Stockwerke übereinander, die die Tarnnamen „Dachs I“ und „Stöhr I“ (Jakobsberg) trugen, zogen nun im Zuge der sogenannten „Unterverlagerung“ ganzer Industrien, die vor den Bombenangriffen der Alliierten geschützt werden sollten, verschiedene Unternehmen ein: eine Schmierölraffinerie, eine Radioröhren- und eine Drahtspulproduktion. Im Stollen unterhalb des Kaiser-Wilhelm-Denkmals wurden dagegen Kugellager für Kampfflugzeuge produziert und Teile für den „Panzerschreck“, einer Panzerabwehrwaffe.

In den noch viel größeren Stollenanlagen des Kleinenbremener Bergwerks, die die Tarnnamen „Elritze I–IV“ trugen, sollte die größte Fläche dem Flugzeugbauer Focke-Wulff vorbehalten bleiben. Kleinere Flächen waren ebenfalls für die Rüstungsproduktion anderer Unternehmen vorgesehen. Während jedoch im Jakobs- und Wittekindsberg die Fertigungen bereits liefen, verhinderte das Kriegsende die Aufnahme der Produktion in Kleinenbremen.

Das System der KZ-Außenlager, Zwangs- und Zivilarbeiter*innenlager und der Planungs- und Führungsstellen der SS und der Organisation Todt, das sich in Porta Westfalica gebildet hatte, soll hier nicht weiter beschrieben werden. Jedenfalls sind mindestens 500 KZ-Häftlinge bei den Arbeiten ums Leben gekommen. An sie und die katastrophalen Arbeits- und Lebensbedingungen aller dort zwangsweise Arbeitenden erinnert heute eine bronzene Gedenktafel.

Um die vielen Neugierigen abzuhalten, hatten die britischen Besatzer schon im April 1946 die Stollen im Wittekindsberg gesprengt. Wer heutzutage die Gelegenheit bekommt, die verbliebenen Stollenanlagen zu besichtigen, wird von Eindrücken geradezu erschlagen, so gewaltig stellt sich diese unterirdische Welt dar. Ohne zu übertreiben und immer in Angedenken an die zahlreichen Opfer lässt sich sagen, dass hier Kathedralen der Technik in die Berge gehauen wurden.

Das kurze, pralle Leben des Josef Wirmer

Was für eine Story! Eine der größten und ergreifendsten Liebesgeschichten, die vorstellbar ist! Die Hauptrollen spielten der 1901 in Paderborn geborene Josef Wirmer und die in Hamburg zur Welt gekommene Katharina Winter.

Der katholische und tiefgläubige Josef Wirmer ging in Warburg zur Schule und studierte seit 1920 in Freiburg im Breisgau und in Berlin Jura. Hier wie dort engagierte er sich rasch in katholischen Studentenverbindungen, denen er auch nach dem Studium die Treue hielt. Nach dem Assessorexamen eröffnete Josef Wirmer 1927 in Berlin seine Rechtsanwaltspraxis.

Wegen seiner konsequent antimonarchistischen Haltung und deutlichen Bekenntnissen zum demokratischen System der Weimarer Zeit trug er bald den Beinamen „Der rote Wirmer". Er trat der Zentrumspartei bei und ordnete sich dort selbst dem linken Flügel zu. Nach der Machtergreifung verkündete er in vertrautem Kreis, dass er mit den neuen nationalsozialistischen Machthabern nicht konform gehe und Hitler immer sein Gegner sein würde. Er verteidigte in den Jahren darauf die rassisch Verfolgten und erhielt dafür schnell die Quittung: Ausschluss aus dem „Nationalsozialistischen Rechtswahrerbund", der berufsständischen Vertretung aller Rechtsanwälte, Richter und Staatsanwälte im Deutschen Reich.

Schon bald bekam Wirmer Kontakt zu den gewerkschaftlichen, kirchlichen, bürgerlichen und auch adeligen Widerstandskreisen, die sich schon in den 1930er-Jahren trafen. Konspirative Treffen der Beteiligten fanden auch in Wirmers Berliner Villa statt. Zu jenen, die ihre Wohnung für entsprechende Zusammenkünfte ebenfalls zur Verfügung stellten, gehörte Katharina Winter. Sie, die im selben Jahr wie Josef Wirmer zur Welt gekommen

war, entstammte einer der reichsten deutschen Familien, die in Flensburg die damals größte deutsche Fleischwarenproduktion betrieb. Katharina Winter verschlug es in ihren jungen Jahren nach Berlin. Dort, im Hexenkessel der 1920er-Jahre, war sie eine der mondänsten Erscheinungen, die vorstellbar war. Die Männerwelt lag ihr zu Füßen. Das Leben war ein einziger Rausch. Geheiratet hat sie schließlich den reichen jüdischen Antiquitätenhändler Walther Eppenstein, der nach der staatlich erzwungenen Scheidung von ihr im Jahre 1938 untertauchen musste. 1942 wurde er verraten und im Vernichtungslager Majdanek ermordet. Die jüdische Gestapo-Informantin Stella Goldschlag war offenbar dafür verantwortlich.
Bei einer der Zusammenkünfte der Widerständler im Jahre 1938 trafen sie sich dann. Für Josef Wirmer war es Liebe auf den ersten Blick. Aber nicht für Katharina. Sie schilderte ihre Eindrücke von Josef Wirmer folgendermaßen: „Geschmacklos, schlecht gekleidet, ... schrecklich! Wie der da so saß und mich gierig

Einer, der bis zuletzt gerade blieb: Josef Wirmer am 8. September 1944 vor dem Volksgerichtshof.

anstarrte, auf seiner Zigarettenspitze ’rumkaute – eklig fand ich den!“

Trotzdem haben die beiden sich ineinander verliebt. Und wie! Für wenige Jahre erlebte Josef Wirmer den Ausbruch aus seiner kleinen, engen Welt, direkt hinein in ein irdisches Paradies. Er beging permanent die Sünde des Ehebruchs, das wusste der tiefgläubige Katholik. Scheiden ließ er sich aber nicht von seiner Frau, mit der er drei Kinder hatte. Stets kehrte er nach durchfeierten und durchliebten Nächten mit Katharina morgens um vier Uhr zu seiner Familie zurück.

Nach dem gescheiterten Attentat auf Hitler im Sommer 1944 war alles vorbei. Katharina Winter versuchte ihrem Geliebten zur Flucht zu verhelfen. Aber Josef wollte nicht. Er ließ sich verhaften, damit seine Familie nicht in „Sippenhaft“ genommen wurde. Die letzten Stationen seines Lebens waren die „Verhandlung“ vorm Volksgerichtshof unter dem Vorsitz des berüchtigten Roland Freisler am 8. September 1944 und seine Hinrichtung mit einer Drahtschlinge in Plötzensee, zwei Stunden nach der Verkündung des Todesurteils.

Josef Wirmer war einer der wenigen, die bei diesen Gerichtsverhandlungen, die diese Bezeichnung eigentlich nicht verdienten, in jeder Hinsicht „gerade“ geblieben ist, den Beleidigungen und Hasstiraden Freislers standhielt und gut gewählte Widerworte gab.

Auch diese Verhandlung war auf Befehl Hitlers heimlich gefilmt worden. Der Filmausschnitt ist in jeder Hinsicht ein Dokument des Wahnsinns. Während Roland Freisler den Angeklagten niederbrüllt, sind auf der Tonspur die Sirenen der Luftwarnung zu hören. Es drohte also ein Bombenangriff. Die Zeit wurde genutzt und rasch noch ein Todesurteil gefällt, bevor die Richter sich in den sicheren Bunker retteten.

Paderborns dunkelste Stunden

„No aircraft lost. The town was covered by clouds but the raid was still carried out with almost perfect accuracy and this old town was virtually destroyed in less than a quarter of an hour.“ (Übersetzung: „Kein Flugzeug ging verloren. Die Stadt war von Wolken bedeckt, doch wurde der Angriff dennoch mit beinahe perfekter Genauigkeit ausgeführt, und diese alte Stadt war praktisch in weniger als einer Viertelstunde zerstört.“)
So wird das Ergebnis des letzten und schwersten Luftangriffs auf Paderborn im „Diary“ des britischen „Bomber Command“ am 28. März 1945 zusammengefasst. Tatsächlich stand die Stadt einen Tag zuvor, am 27. März 1945, nach einer unglaublich kurzen Frist in hellen Flammen. Die unter größten Schwierigkeiten anrückenden Feuerwehren sahen sich einer scheinbar unlösbaren Aufgabe gegenüber. Die Straßen waren voller Krater, die Wasserleitungen zerstört, die Brände wüteten mit äußerster Gewalt. Binnen Kurzem entstand ein heftiger Wind, der das Feuer immer weiter anfachte und es fast unlöschbar machte. Die heiße Luft wurde durch ihren Auftrieb mehrere Kilometer hoch in die Atmosphäre gewirbelt. Der Wasserdampf aus dem Feuer kondensierte in den hohen Luftschichten und setzte dabei Wärme frei, die den Auftrieb noch verstärkte. Diese Schlotströmung erzeugte am Boden, in der Innenstadt, einen gewaltigen Unterdruck, der die umgebende Luft mit hoher Geschwindigkeit in die Brandherde saugte und diese mit neuem Sauerstoff versorgte. Das wiederum fachte das Feuer immer stärker an. Wenn es auch kein Feuersturm mit seinem bis zu 1400° Celsius heißen Zentrum gewesen sein mag, so waren doch die Begleiterscheinungen ähnlich und bedeuteten das eigentliche Todesurteil für das 1200 Jahre alte Paderborn. Die Stadt brannte mehrere Tage lang.

Ein Zeuge des großen Luftangriffs: der ausgebrannte Turmstumpf des Paderborner Domes.

Aus den abgedeckten Kirchtürmen stieg dichter, dunkler Rauch auf und ließ die Gotteshäuser von Weitem aussehen, als arbeite hier eine Fabrik unter Hochdruck. Die Luft über der Stadt stieg zunächst mit einer lehmgelben Farbe in den Himmel, verfärbte sich danach tiefbraun, um schließlich eine pechschwarze Farbe anzunehmen. Für die Beobachter der Szenerie war klar: Hier verbrannten die Lehmziegel der alten Häuser, die Lehmfüllungen des Fachwerks und schließlich die sie haltenden Eichenbalken. Als eindrücklichstes Symbol des Untergangs von Paderborn ist vielen Menschen der brennende Dom im Gedächtnis geblieben. Insbesondere der Turm habe wie eine riesige Fackel ausgesehen. Zusammen mit den anderen brennenden Türmen und Häusern habe er den Abendhimmel in ein blutrotes Meer verwandelt, an dessen Rändern sich Wolken von Qualm dahinwälzten. Es sei ein schaurig-schönes Bild von elementarer Wucht gewesen.

Sobald Häuser gelöscht waren, begannen Rettungsmannschaften den kochend heißen Schutt beiseitezuräumen, wenn unter den Trümmern in ihren Luftschutzkellern Verschüttete vermutet wurden. Zuweilen kamen, auf der Suche nach Lebenszeichen, Horchgeräte zum Einsatz. Waren etwa Klopfgeräusche zu hören, erfolgte die langwierige und vorsichtige Räumung. Jeden Moment konnten die Trümmer in sich zusammenfallen und damit die Überlebenschancen der Verschütteten zunichtemachen. Viele Menschen wurden erst nach einigen Tagen befreit. Einige von ihnen waren in dieser Zeit zu zitternden Wracks geworden und ihre Haare ergraut.

Die Mitglieder des „Sicherheits- und Hilfsdienstes" und der „Technischen Nothilfe" waren in den Tagen und Wochen nach dem Angriff damit beschäftigt, Leichen oder besser Leichenteile zu bergen und, sofern möglich, zu identifizieren. Gummihandschuhe schützten sie dabei vor Infektionen. Auf die Männer stürmten groteske, irrwitzige Eindrücke ein. Obwohl sie schon einiges gesehen und erlebt hatten, wunderten sie sich in dem Chaos darüber, auf welche und wie viele verschiedene Arten und Weisen der Tod sich des Menschen bemächtigen konnte. Die Nachkommen dieser damals schon etwas älteren Männer, die oft schon im Ersten Weltkrieg mitgekämpft hatten, erzählten, dass ihre Väter meist erst spät abends nach Hause kamen. Diese waren bleich wie die Wand, wortkarg, rauchten eine Zigarette nach der anderen, tranken zu viel Schnaps und vertrauten sich, wenn überhaupt, nur ihren Frauen an.

Die offizielle Zählung berichtete nach dem Angriff von mindestens 344 Toten, einer großen Zahl Verletzter und einer zu fast 85 Prozent zerstörten Innenstadt. Dass nicht deutlich mehr Menschen umgekommen sind, ist der Tatsache zu verdanken, dass nach dem amerikanischen Luftangriff vom 17. Januar 1945 ein Exodus aus der Stadt eingesetzt hatte. Von den 42 490 Einwohner*innen des Jahres 1939 befanden sich am 27. März 1945 nur noch wenige Tausend in Paderborn. Die Briten hatten eine weitgehend menschenleere alte Stadt in Trümmer gelegt und werteten das als Erfolg ihrer Strategie des „Morale Bombing“. Tatsächlich: Kein anderer ihrer Luftangriffe auf deutsche Städte war bisher schneller und effektiver verlaufen.

Der einsame Tiger von Kracks

Bei der Verteidigung der ostwestfälischen Region gegen die unaufhaltsam vorrückenden, übermächtigen amerikanischen Streitkräfte kam es am Ostersonntag, dem 1. April 1945, zu einem besonders tragischen Zwischenfall. Gegen acht Uhr morgens rollte ein deutscher Panzer vom Typ „Königstiger" aus Schloß Holte kommend in Richtung der Autobahn. Es handelte sich bei dem Kampfwagen um eines jener gewaltigen, 70 Tonnen schweren Ungetüme, zehn Meter lang und fast vier Meter breit, deren Entwicklung von Hitler, gewissermaßen am „Kriegsbedarf vorbei", forciert worden war. Die Besatzung bestand aus SS-Mannschaften, die zu einer Wehrmachtseinheit stoßen sollten. In Höhe des Bahnhofs Kracks streifte den Königstiger plötzlich das Geschoss einer Panzerfaust am Turm. Zwei Besatzungsmitglieder, die auf dem Gefährt aufsaßen, starben dabei. Der Schütze war ein einzelner versprengter deutscher Soldat, der, offenbar in dem Glauben, es handele sich um einen amerikanischen Tank, seine Waffe aus Versehen auf die eigenen Leute gerichtet hatte. Zuerst flüchtete er, kehrte dann aber wieder um und begab sich in die Hände der aufgebrachten Panzerbesatzung, die ihn unter Schlägen in das nahegelegene Wäldchen führte. Wahrscheinlich hatte der unglückselige Schütze vorgehabt, zu seiner Tat zu stehen und dabei auf das Missverständnis hinzuweisen. Die anderen Soldaten ließen ihn aber kaum zu Wort kommen, prügelten weiter auf ihn ein und nahmen ihm seine Papiere und Wertsachen ab. Einer der SS-Männer zog schließlich seine Pistole und streckte ihn durch einen Genickschuss nieder. Als der Mann am Boden lag, wurden noch einmal mindestens fünf Schüsse auf ihn abgegeben, bis das Magazin der Waffe leer war. Die Mitglieder

Der zerschossene „Königstiger“ in der Senne, zwischen Kracks und Windelsbleiche.

einer in der Nähe wohnenden Familie hatten diese Vorgänge genau beobachten können.

Die SS-Männer arbeiteten sodann etwa eine Stunde lang an dem Panzerwagen und machten sich schließlich auf den Weg, um, wie sie verkündeten, die vorrückenden US-Streitkräfte anzugreifen. Sie kamen nicht weit. Schon die ersten Salven der Amerikaner hatten den Königstiger getroffen. Von den umliegenden Anwohnern hieß es, dass dabei fünf Männer verbrannt seien. Nur ein Verwundeter habe sich retten können und sei geflüchtet.

Der zerschossene Königstiger stand noch lange nach Kriegsende zwischen dem Bahnhof von Kracks und der Ortschaft Windelsbleiche. Irgendwann wurde er mit Schneidbrennern zerlegt und fortgeschafft. Wer dafür verantwortlich war, ist bis heute ungeklärt.

Das Stalag 326 VI K

Nahe der Ortschaft Stukenbrock, in der Senne, befreite die US-Armee während ihres Vorrückens auf den Teutoburger Wald am 2. April 1945 die verbliebenen Insassen des dortigen „Kriegsgefangenen-Mannschaftsstammlagers 326 VI K", im Wehrmachts-Sprachgebrauch „Stalag 326" genannt. Von 1941 bis Kriegsende waren hier in erster Linie sowjetische Soldaten unter unsäglichen Bedingungen inhaftiert. Was die Mannschaften der B Tank Company des 82. Aufklärungsbataillons der 2. US-Panzerdivision unter dem Kommando von Captain George Karl gegen 14.00 Uhr zur Kenntnis nehmen musste, dürfte ihre möglicherweise vorhandene Bereitschaft, dem Gegner zwar siegreich, aber dennoch gnadenvoll gegenüberzutreten, deutlich geschmälert haben. Ihre Eindrücke schilderte der Kriegsberichterstatter John M. Mecklin in einem Artikel, der am 4. April 1945 in amerikanischen Zeitungen erschien:

„Als amerikanische Truppen heute diesen Platz einnahmen, fanden sie an die 9000 Männer vor, die wie wilde Barbaren um einige Laibe Schwarzbrot kämpften. Sie sahen Männer, die einander an die Gurgel gingen wegen einer Handvoll Mehl, die im Dreck verstreut war. Sie sahen eine von Hunger bis zur Raserei getriebene Menge, die ein Lebensmittellager buchstäblich in Stücke riss. Falls irgendwelche Amerikaner, die heute hier waren, bisher nicht gelernt haben, die Deutschen zu hassen, so haben sie es jetzt gelernt. Es ist hart für einen Amerikaner, zu glauben, dass so ein Ort wie dieser überhaupt existieren könnte. Es ist ein Ort voller Dreck und Elend, so abstoßend, dass einige unserer Soldaten sich übergeben mussten. In den letzten drei Jahren starben hier im Durchschnitt täglich 15 bis 20 Männer den Hungertod. Dies ist ein Ort, an den man sich erinnern muss, wenn mit dem Nazismus abgerechnet wird. Selbst die Erde, auf dem dieses Lager an einer einsamen Straßenkreuzung nahe dem Dorf Eselheide steht, wird für lange Zeit stinken. Die Erinnerung daran wird in den Gedanken der Männer, die davon wissen, bis zu ihrem Tod stinken. ...".*)

Den vorliegenden Forschungen zufolge gibt Mecklins Bericht die Umstände im Stalag 326 zum Ende des Krieges recht genau wieder. Tatsächlich hatten dieses Lager seit Beginn des Unternehmens „Barbarossa", des Überfalls der Wehrmacht auf die UdSSR im Jahre 1941, etwa 300 000 sowjetische und Kriegsgefangene anderer Armeen „durchlaufen". Die höchste Belegungszahl erreichte das Stalag 326 im September 1944. Zu diesem

Das Lager Stukenbrock im April 1945, einige Tage nach der Befreiung durch die US-Army.

Zeitpunkt hielten sich hier insgesamt 41 745 Gefangene auf, darunter allein 31 638 Menschen aus der Sowjetunion. Wurden die französischen und belgischen Kriegsgefangenen entsprechend den Bestimmungen der „Haager Landkriegsordnung“ (HLKO) des Jahres 1899 vergleichsweise gut behandelt, so galt dies nicht für die sowjetischen, polnischen, serbischen und später auch die italienischen Inhaftierten. Insbesondere die Osteuropäer trugen nach nationalsozialistischer Lesart den Makel des „Untermenschen“ und wurden auf katastrophale Weise vernachlässigt, gleichzeitig aber zu härtesten Arbeiten unter schwierigsten Bedingungen herangezogen. Genaue Opferzahlen sind bis heute nicht bekannt. Es wird aktuell von 15 000 bis 70 000 während der Haft verstorbenen Menschen ausgegangen.

**) Abdruck des Artikels in englischer Sprache in: Karl Hüser und Reinhard Otto: Das Stammlager 326 (VI K) Senne 1941–1945. Sowjetische Kriegsgefangene als Opfer des Nationalsozialistischen Weltanschauungskrieges, Bielefeld 1992, S. 174 f., Übersetzung: Hans-Jörg Kühne*

Wie Lippe ein Teil Nordrhein-Westfalens wurde

Heinrich Drake war ein raffinierter Bursche, mit allen lippischen Wassern gewaschen. Seit 1925 sozialdemokratischer Vorsitzender der lippischen Landesregierung, ab 1932 dann ihr Präsident. Nach dem Wahlsieg der Nationalsozialisten am 15. Januar 1933 im lippischen Freistaat musste er seinen Posten räumen, sollte aber im Berliner Reichstag als Abgeordneter der SPD nachrücken. Dazu kam es jedoch nicht mehr. Einen Tag nach dem Verbot der SPD kündigte er am 23. Juni 1933 seine Parteimitgliedschaft und zog sich aus dem politischen Leben zurück. Da er als ehemaliges Mitglied des Landespräsidiums verbeamtet gewesen war, bezog er bis 1939 eine Pension, dann ein schmales Unterhaltsgeld. Im Jahre 1944 musste er zeitweise Schanzarbeiten in den Niederlanden verrichten. Ansonsten hatte er die zwölf Jahre Nationalsozialismus unter anderem auch zum Selbststudium benutzt, wobei er insbesondere sein Englisch verbesserte. Er ahnte wohl, wer nach dem Krieg das Sagen in Lippe und in Europa haben würde.
Anfang April 1945 besetzten zunächst die Amerikaner das ehemalige Fürstentum Lippe, um es dann in die Hände der nachrückenden Briten zu übergeben. Bei deren Suche nach geeigneten Deutschen, die die öffentliche Verwaltung wieder herstellen sollten, kamen sie an dem allseits bekannten Heinrich Drake offenbar nicht vorbei. Ohne in die SPD wieder eingetreten zu sein beziehungsweise seinen Austritt aus der Partei 1933 zum Thema zu machen, verstand er sich als sozialdemokratischer Politiker, dem selbstverständlich das Amt des Landespräsidenten zukam, sofern es wieder eingerich-

Heinrich Drake in Bronze vorm Lippischen Landesmuseum Detmold. Egal, was er getan oder unterlassen hat: In Lippe wird er verehrt wie kaum jemand anderer.

tet würde. Und es wurde wieder eingerichtet! Drake war nun ernannter Präsident von Lippe und Schaumburg-Lippe. Aber nur für kurze Zeit.

Neues Ungemach drohte, denn am 23. August 1946 gründeten die Besatzungsmächte das neue Land Nordrhein-Westfalen aus dem Nordteil der früheren preußischen Rheinprovinz und der preußischen Provinz Westfalen. Lippe sollte hier mit eingegliedert werden. Nach Verhandlungen, in denen Drake die Interessen Lippes gegenüber der nordrhein-westfälischen Landesregierung mit zäher Kraft durchsetzte, erfolgte 1947 der Beitritt des ehemaligen Freistaates. Schaumburg-Lippe ging dagegen an das Land Niedersachsen.

Die von Heinrich Drake durchgesetzten sogenannten „Lippischen Punktationen“ sicherten dem kleinen Land ein gerüttelt Maß an Sonderregelungen und -rechten. So gründete sich der Landesverband Lippe, um lippisches Staatsvermögen dem Zugriff Nordrhein-Westfalens zu entziehen. Überdies verlangte und bekam Heinrich Drake die Zusicherung, die Bezirksregierung in Detmold anzusiedeln und sie nicht, wie bisher, in Minden zu belassen. Das, so seine Argumentation, sei als Ausgleich für den Verlust der lippischen Souveränität zu verstehen.

Das war schon verdammt frech und ganz schön rücksichtslos. Nur weil Drake in seinem 66. Lebensjahr keine Lust mehr hatte, nach Minden umzuziehen oder mehrmals in der Woche dorthin zu fahren, mussten nun alle, die bisher in den Mindener Verwaltungsstellen arbeiteten, in den sauren Apfel beißen und nach Lippe ziehen. Oder eben nicht. Dann waren sie aber auch ihre Arbeit los, wenn sie nicht verbeamtet waren. Drake wusste sicherlich, dass das keine besonders populären Entscheidungen waren. Anders ist es wohl auch kaum zu erklären, dass der

Umzug aus Minden in gewisser Weise eine „Nacht-und-Nebel-Aktion“ war. Plötzlich fuhren vor den Mindener Geschäftsstellen ein paar von den Briten geliehene Lastwagen vor. Fahrer und Arbeiter warfen alle brauchbaren Büroeinrichtungen, Schreibtische, Stühle, Schreibmaschinen samt Akten auf die Ladeflächen und verschwanden wieder. Minden guckte nun „in die Röhre“.
Auf der großen späteren bundespolitischen Bühne hat Konrad Adenauer sich daran ein schönes Beispiel genommen und die Bundeshauptstadt in der Nähe seiner Wohnung ausgerufen.
Aber, aber – es hat ja bisher auch niemand behauptet, dass Politiker*innen, damals wie heute, gute, bessere Menschen seien.

„Wir müssen draußen bleiben!“

In Bielefeld wie auch in allen anderen Städten Ostwestfalens blieb der Bau von öffentlichen Bunkern vor und während des Zweiten Weltkriegs zunächst sträflich vernachlässigt. Zum Zeitpunkt des Überfalls auf Polen gab es in Bielefeld einen einzigen Bunker, der 1500 Personen Schutz bot. An Neubauten dachte man erst, als die Luftangriffe auf die deutschen Städte zunahmen.
Im Rahmen des „Führer-Sofortprogramms“ wurden nun auch in Bielefeld Kriegsgefangene und Zwangsarbeiter beim Bau der sieben Hochbunker, der vier Tiefbunker und der betonierten Unterstände und Schutzstollen eingesetzt.
Der Hochbunker Nr. 7 entstand an der Neustädter Straße und wurde deshalb von den Einwohner*innen stets als Neustädter

Bunker bezeichnet. Er war für 900 Personen ausgelegt und bot bei voller Belegung maximal 2000 Personen Schutz. Seine Wände aus Stahlbeton waren 2,50 bis 3,00 Meter dick.
Nach dem Ende des Krieges beschlossen die Stadtoberen, diesen und die anderen Bunker umzunutzen oder zu sprengen. Allerdings blieben diese Pläne weitestgehend Makulatur.
Während der Hochphase des Kalten Krieges zwischen Ost und West erlangte der Neustädter Bunker große Bedeutung. War es doch der einzige Schutzraum der Stadt, den Fachleute als atombombensicher einstuften. Aus diesem Grund blieb der Bunker „in Betrieb“, wurde mit zusätzlichen modernen Luftfiltern ausgestattet, damit er auch bei Angriffen mit biologischen oder chemischen Waffen Schutz bot.
Heute stellt sich, nach seiner endgültigen Entwidmung im Jahre 2009 und dem Um- und Ausbau zu einem Büro- und Wohnhaus, die Frage, wer denn im Falle eines Angriffs auf Bielefeld mit Atomwaffen Anrecht auf einen Platz in diesem einzigen wirklich sicheren Bunker der Stadt gehabt hätte. Wer waren die wenigen

Der Bunker an der Neustädter Straße im Jahre 1943.

Hundert, die dort Schutz suchen durften? Diese mussten doch im Vorfeld festgelegt und auf einer Liste namentlich erfasst worden sein. Wer stellte sicher, dass nur diese „Elite“ und nicht andere, vermeintlich Unberechtigte, Einlass erhielten? Nach welchen Kriterien wurde bei der Platzzuteilung ausgegangen? Handelte es sich eventuell um ein Losverfahren? Was sollte geschehen, wenn, im Falle eines Falles, Abertausende von Bielefelder*innen vorm Neustädter Bunker standen und hineindrängten? Wer hielt sie zurück? Das konnte doch nur mit Waffengewalt geschehen. Denn es mussten doch alle, die nicht hineinkamen, davon ausgehen, sofort zu sterben oder durch Verstrahlung qualvoll zugrunde zu gehen. Der Tod war – so oder so – garantiert. Es würde unfassbare Tumulte geben. Die Menschen würden erbittert und bis aufs Äußerste kämpfen, um hineinzugelangen.
Die Suche nach dieser Liste oder Aufstellung der Schutzberechtigten blieb bis auf den heutigen Tag erfolglos. Die entsprechenden Unterlagen des Stadtarchivs Bielefeld schweigen sich in diesem Zusammenhang beharrlich aus. Ein Skandal in einem demokratisch verfassten Staatswesen.
Aber, wer weiß? Vielleicht gelingt es ja doch irgendwann, Licht in dieses Dunkel zu bringen …

Das Schweigen der Nachbarn

In nicht wenigen Ortschaften der ostwestfälischen und lippischen Region gibt es das, was die moderne Geschichtswissenschaft „Narrative" nennt: Erzählungen, die, wie früher die Märchen, gewissermaßen sinnstiftend für die Menschen sind und eine Art Zusammenhalt bewirken. Zu diesen gehört auch die Geschichte um Willi Dörenkamp aus Rahden, das bekanntlich ganz weit oben liegt, im nördlichsten Zipfel der Region.

Willi Dörenkamp war wie die meisten seiner Nachbarn zu Beginn der 1960er-Jahre Landwirt und Viehzüchter. Hinzu kam noch, seiner Leidenschaft für Pferde geschuldet, der Besitz eines kleinen Reiterhofs. Sein Lieblingspferd hieß Gerlinde, ein großer westfälischer Fuchs, auf dem er jeden Tag ausritt.

Er hatte zwei Töchter. Die älteste von ihnen, Astrid, war gerade ins heiratsfähige Alter gekommen, als seine über alles geliebte Gerlinde immer schwächer wurde und nicht mehr ausgeritten werden mochte. Sie hatte das für Pferde stolze Alter von 27 Jahren erreicht. Für Willi Dörenkamp war es selbstverständlich, ihr das Gnadenbrot zu geben und für sie bis zum Lebensende einen Platz im Stall und auf der Weide vorzuhalten.

In jener Zeit hatte sich dann auch Astrid für einen Mann entschieden. Die Heirat stand an. Bei dem Auserwählten handelte es sich um Friedrich Brokmeier, sicherlich der reichste Bauer weit und breit und deshalb keine schlechte Wahl für die Ehe. Das Schlimme an dieser Verbindung war jedoch, dass kaum jemand Friedrich Brokmeier wirklich mochte. Er wurde zwar als großer Arbeitgeber respektiert, sein Umgang mit Mensch und insbesondere mit den Tieren galt dagegen als verwerflich. Nun ist es für jeden Landwirt klar, dass er seine Tiere nicht abgöttisch liebt oder gar zu jedem ein persönliches Verhältnis aufbaut. Es sind Nutzviecher, die Rendite abwerfen müssen, so oder so. Aber sie werden mit Respekt behandelt. Nicht so bei Brokmeier. Entsetzliche Dinge wurden über ihn erzählt, wie er etwa bei den Geburten von Kälbern vorging, wenn es Komplikationen gab. Diese Widerlichkeiten sollen hier auch gar nicht im Detail beschrieben werden. Vor diesem Hintergrund wunderte sich Willi Dörenkamp, wie ausgerechnet seine älteste Tochter auf einen solch rücksichtslosen Mann verfallen konnte, der überdies noch als Angeber und Blender galt.

Kaum war die Hochzeitsfeier vollzogen und Astrid bei Friedrich Brokmeier eingezogen, begann dieser sich auf dem Hof und in die Geschäfte von Willi Dörenkamp einzumischen. Ganz und gar unverfroren forderte er, dass Dörenkamp seinen Hof modernisieren müsse, um auch in der Zukunft konkurrenzfähig zu bleiben. Er, Brokmeier, wolle das übernehmen, er kenne die richtigen Leute für so etwas.

Großer Streit entspann sich um Gerlinde, die nach wie vor einen Stallplatz hatte, gefüttert und bewegt wurde, soweit das noch möglich war. Immer wieder forderte Friedrich Brokmeier, das „Vieh" endlich zum Verwerter, zum Schlachter zu bringen, um wenigstens noch etwas Geld aus dem angeblich „unnützen Fresser" herauszuschlagen. Je mehr er das forderte, desto hartnäckiger wehrte sich Dörenkamp dagegen. Ein grundsätzlicher Streit entbrannte, hart und unversöhnlich, in dem niemand mehr vermitteln konnte und wollte. Alle im Ort hatten davon Wind bekommen. Und die meisten standen aufseiten von Willi Dörenkamp.

Und dann geschah es. Eines Morgens lag Friedrich Brokmeier tot auf dem Hof von Willi Dörenkamp. Neben ihm ein alter Pferdehalfter und eine gewaltige Mistforke. Ein kleines rotes Loch in der Herzgegend deutete auf die Todesursache hin: Auf ihn war geschossen worden. Ein einziger, präziser, tödlicher Treffer.

Scheinbar beschaulich geht es in Rahden zu.

Willi Dörenkamp erzählte der aus Minden angereisten Kriminalpolizei, dass sein Schwiegersohn mit einer Mistforke auf ihn losgegangen sei, ihn offenbar damit aufspießen wollte. Da habe er, Willi Dörenkamp, in Notwehr gehandelt und mit seinem Kleinkalibergewehr auf ihn geschossen und dabei so unglücklich getroffen, dass dieser auf der Stelle verstarb. Die Besatzung des herbeigerufenen Krankenwagens konnte nur noch den Tod feststellen. Da sei nichts mehr möglich gewesen.
Auf die Frage, weshalb denn Friedrich Brokmeier ihn angegriffen habe, gab Willi Dörenkamp zu Protokoll, dass dieser seine alte Stute Gerlinde abholen und zum Abdecker bringen wollte. Im Vorfeld habe es bereits großen Streit um dieses Ansinnen des Schwiegersohns gegeben, der immer darüber geschimpft habe, dass Gerlinde das Gnadenbrot erhielt und nicht verwertet wurde. Tiere, die nichts mehr taugen würden, gehörten geschlachtet, das seien immer seine Worte gewesen. Und als sich Dörenkamp in die Stalltür gestellt und gesagt habe, dass

das nur über seine Leiche ginge, habe Brokmeier geantwortet, dass er das gern so haben könne. Sein altes Kleinkalibergewehr hätte er, Willi Dörenkamp, an diesem Tag dabeigehabt, weil er damit Ratten schießen wollte, die sich langsam zur Plage auswüchsen.

Die Kripo verhaftete Willi Dörenkamp, es gab zwei Gerichtsverhandlungen, aber keine Verurteilung. Ein halbes Jahr saß Dörenkamp in Untersuchungshaft, dann wurde er wieder entlassen. Sämtliche Nachbar*innen, die befragt worden waren, ließen nichts auf Dörenkamp kommen. Er sei zwar im Krieg bei der Waffen-SS gewesen und deshalb wohl bis auf den heutigen Tag ein guter Schütze. Ansonsten sei sein Lebenswandel immer untadelig geblieben.

Im Dorf wussten alle, dass das nicht stimmte. In den Tagen vor dem vermeintlichen Unglück war Dörenkamp immer wieder dabei beobachtet worden, wie er mit seinem Kleinkalibergewehr Schießübungen machte. Niemand fragte, ob er auf Ratten schieße oder aus Spaß auf Zielscheiben. Und alle wussten, dass Brokmeier vorbeikommen wollte, um das alte Lieblingspferd von seinem Schwiegervater abzuholen.

Schlammschlachten um die Universität

Bis die Düsseldorfer Landesregierung im November 1965 die Standortentscheidung für die neue ostwestfälische Universität im Großraum Bielefeld fällte, waren echte Schlammschlachten auf allen Verwaltungsebenen erfolgt. Im Jahre 1960 hatte der Wissenschaftsrat den angeblich zukunftsgefährdenden Mangel an Hochschulen festgestellt und die Länder aufgefordert, besonders in „bildungspolitisch unterversorgten Gebieten" neue Universitäten zu gründen. Zu diesen „Problemzonen" gehörte auch der Regierungsbezirk Detmold. Plötzlich riefen die Bielefelder Zeitungen nach der unbedingt notwendigen Befreiung aus dem „akademischen Aschenbrödeldasein". Ein Umstand, der ihnen bis zu diesem Zeitpunkt noch gar nicht so richtig aufgefallen war. Ähnliches ließen auch die örtlichen Medien aus Detmold, Herford, Soest, Paderborn und – wer würde es glauben – aus Sennestadt (sic!) verlauten. Was sollte und wollte die 20 000 Einwohner*innen zählende, seit Mitte der 1950er-Jahre aus dem Boden gestampfte Trabantenstadt, eine aus bedrückenden Bettenburgen bestehende Schlafstadt, deren Eingemeindung nach Bielefeld schon längst beschlossene Sache war, mit einer Universität? Es war nicht zu glauben, wer sich plötzlich als der einzig mögliche Ort für eine neue, notwendige und vor allem reformorientierte Hochschule sah. Die tollsten Argumente wurden für den eigenen Standpunkt und gegen die der anderen Mitbewerber*innen angeführt. Es ging bis zur persönlichen Verleumdung. Besonders rücksichtslos ging dabei Paderborn vor.

Zu einem Zeitpunkt, als die Würfel schon längst gefallen waren und die Stadt Bielefeld den Zuschlag für die Gründung und den Bau der ersten ostwestfälischen Universität bekommen hatte und erste Bauabschnitte angegangen worden waren, gab es immer

1967 bei einem Ortstermin an der Bielefelder Voltmannstraße auf dem Baugelände der Universität. Der zweite von rechts ist Helmut Schelsky, der etwas verkopft und ein klein wenig wie ein weltfremder Wissenschaftler aussieht. Man ist fast geneigt, ihm seine „Verfehlung" des Jahres 1934 zu verzeihen. Bei dem zweiten Herrn von links handelt es sich um den damaligen Bielefelder Oberbürgermeister Herbert Hinnendahl. Der Herr mit der modischen Brille ganz rechts ist Fritz Holthoff, Kultusminister des Landes Nordrhein-Westfalen.

noch Sperrfeuer aus der Bischofsstadt. Warum nur? Wirklich, die Paderborner*innen verhielten sich nicht gerade sportlich und schon gar nicht christlich. Und dann wurde im Jahre 1969 der letzte Torpedo aus der katholischen Hochburg Paderborn abgeschossen, geladen mit Neid, Missgunst, Hass, Unverständnis für die protestantischen Häretiker im übrigen Ostwestfalen und mit einer Archivale, deren Inhalt den berühmten Soziologen Helmut Schelsky voll traf. Er, der seit 1965 im Gründungsausschuss der neuen Bielefelder Reformuniversität saß, hatte sich im Jahre 1934 in einer ideologischen Schrift für die Ideen des Nationalsozialismus begeistert. Darin hieß es unter der Überschrift „Sozialistische Lebenshaltung", dass wahrer Sozialismus bedeute,

„Leute, die für das Volk ihre Leistung nicht erbringen oder es gar schädigen, auszuschalten oder sie sogar zu vernichten ...“. Das war starker Tobak. Auf diesen Text wiesen die Paderborner*innen nun mit großer Empörung hin. Schelsky tat das jetzt als „Jugendsünde“ ab, versuchte abzuwiegeln, aber in der sensiblen Atmosphäre Ende der 1960er-Jahre war das nicht genug. Seine früheren, nicht unbeträchtlichen Sympathien und sein umfangreiches Engagement für die NSDAP kosteten ihn die Stelle des Gründungsrektors der Universität Bielefeld. Trotzdem durfte er aber weiter im Gründungsausschuss mitarbeiten und erhielt im Oktober des Jahres dann auch den in Aussicht gestellten Lehrstuhl in Bielefeld. Hier verbreitete er dann unter anderem seine aus dem Jahre 1953 stammenden Thesen von der bundesdeutschen Bevölkerung als einer „nivellierten Mittelstandsgesellschaft“. Eher ein Wunschtraum, denn eine veritable Analyse einer westlichen Industriegesellschaft, die sich schon längst in viele verschiedene sehr Reiche, Reiche, weniger Reiche, Arme und sehr Arme aufgeteilt hatte.

Teilweise berüchtigt: Essen und Trinken im Regierungsbezirk

In Ostwestfalen und Lippe gibt es eine vielfältige Lebensmittelindustrie. Insbesondere die Fleischverarbeitung steht hier an erster Stelle. So genießt etwa die Stadt Versmold den nicht wirklich charmanten Ruf, der „Fettfleck“ Deutschlands zu sein, weil dort eine nicht geringe Zahl an Wurstproduzenten ihren Standort hat. Geschlachtet wird dagegen in ganz großem und deshalb recht zweifelhaftem Maßstab in Rheda-Wiedenbrück. Aber auch reine Genussmittel kommen aus dem Ostwestfälischen, wie etwa sehr gute Schokolade aus Herford und weltberühmte Karamellbonbons und andere Snacks aus Werther und Borgholzhausen. Ein Bielefelder Familienkonzern bietet unter vielen anderen Dingen ebenso bekannten Pudding und weltweit erfolgreiche Tiefkühlpizza an. Darüber hinaus brauen einige große Brauereien sehr beachtliches Bier. Hochprozentiges wird dagegen in Steinhagen und Bielefeld auf Flaschen gezogen.

Das alles ist bekannt im übrigen Deutschland. Noch bekannter sind allerdings jene Speisen, die einen nicht ganz so guten Ruf haben und irgendwie als Synonym für eine vermeintliche Rückständigkeit der Ostwestfalen und Lipper angesehen und benutzt werden. So gilt etwa der bekannte „Wurstebrei“, auch „Stippgrütze“ oder „Speise“ genannt, geradezu als Symbol einer verfehlten oder gar nicht existierenden Esskultur in der Region. Zugegeben, sehr appetitlich sieht er auch nicht aus: eine grauweiße Masse, breiig. Heiß gemacht und zusammen mit Kartoffeln oder Graubrot und Roter Bete, vielleicht auch mit Gurken und Zwiebeln serviert, kann er jedoch köstlich schmecken. Fett ist bekanntlich ein guter Geschmacksträger. Und fetthaltig ist der Wurstebrei, darüber muss nicht weiter debattiert werden.

Schmeckt besser, als er aussieht, der Wurstebrei, hier vor der Zubereitung.

Die Erzeugung ist ähnlich gewöhnungsbedürftig wie sein Aussehen und sollte vor den Augen sensibler Gemüter nicht unbedingt durchgeführt werden. So werden in der bei der Herstellung von Brüh- und Kochwürsten gewonnenen Wurstbrühe Innereien des Schlachtviehs gekocht, wie die Nieren, das Herz und die Leber. Dazu kommen weitere sonst eher schwer verwertbare Fleischreste und Schlachtabfälle. Das Ganze wird mit Gerstengrütze versetzt und mit Gewürzen und Salz abgeschmeckt. Nach dem Kochen und Abgießen der Brühe ist der Fleischwolf an der Reihe. Durch den wird alles noch einmal durchgedreht und zerkleinert. Das Ergebnis ist eine etwas krümelige, mit reichlich Fett durchsetzte Masse, die auf einen Darm gezogen wird und dann beim Abkühlen erstarrt.

Im Dr. Oetker Schulkochbuch aus dem Jahre 1960 – und hier wohl zum allerletzten Mal in dieser Art Literatur –, findet sich auf Seite 94 ein typisches Rezept für Stippgrütze. Zu verwenden

sind demnach Bauchfleisch mit Schwarte, Herz, Schweinenieren, Gerstengrütze, Schmalzgrieben, Pfeffer, Salz, Piment, Thymian und Wasser. Lecker!
So viel zum vielleicht meist berüchtigten Essen Deutschlands. Um diesen Fett-Ansturm auf den Körper zu bändigen, trank der gestandene Ostwestfale, nicht so sehr die Ostwestfälin, danach einen oder mehrere Schnäpse. Weit verbreitet war der „Steinhäger“ aus Steinhagen, eine mindestens 38-prozentige Spirituose, die mit Wacholder aromatisiert ist.
Zu den fettreichen Traditionsgerichten der Region gehört auch der Pickert, der insbesondere aus Lippe seinen Weg in die Welt nahm. Eigentlich war es ein Arme-Leute-Essen, dessen Zutaten aus dem bestanden, was vorrätig, erreichbar und erschwinglich war. Der Teig aus Hefe, Milch, Eiern, geriebenen Kartoffeln und Mehl, gern auch mit ein paar Rosinen versetzt, wird in einer Pfanne gebraten. Liegt der in aller Regel runde und etwa fünf Zentimeter dicke Prachtkerl zum Verzehr bereit auf dem Teller, wird noch Butter und/oder Marmelade drauf gestrichen. Auch Rübenkraut findet Verwendung oder lippische Leberwurst. Wer einen ganzen Pickert schafft, weiß, was sie oder er getan hat. Auch nach diesem Essen empfiehlt sich wieder ein Steinhäger.
Zu den dunklen ostwestfälischen Trinkgewohnheiten zählt auch der Konsum jener Schnäpse, die „Patthorster Waldgeist“, „Rote Tatjana“ oder „Bielefelder Luft“ heißen und die eine Bielefelder Traditionsbrennerei nach wie vor im Portfolio hat, obwohl Hochprozentiges, zumindest momentan, nicht so sehr in Mode ist, sondern eher Wein. Aber mit guten Weinen kann die Region einfach nicht aufwarten. Wie im Kapitel über die Varusschlacht zu lesen ist, tragen daran Hermann, der Cheruskerfürst, und der römische Historiker Tacitus die Hauptschuld.

Die berühmteste Straße der Stadt: Das Rampenloch in Minden

Hoch im Norden der Region, in der kreisangehörigen Stadt Minden, gibt es eine kleine Straße, die Rampenloch heißt. Hier reihte sich – früher – ein Bordell an das andere. Es war ein geradezu sagenumwobener Ort, der für viele Kids der umliegenden Ortschaften, insbesondere die männlichen, gleichbedeutend mit großer Welt, mit Freiheit, Laster, Spaß und verrufener Sünde war. Eine Art „Große Freiheit“ in Minden. Matthias Bronisch, von 1950 bis 1956 Schüler des Petershagener Gymnasiums, berichtet in einem Internet-Beitrag von dieser Zeit, als ein Ausflug nach Minden für ihn und seine Klassenkameraden die erste Stufe auf dem Weg in die große, weite Welt darstellte:

„Nicht nur lag Minden näher, und was war Minden schon für ein Pflaster! Das war schon die Welt, die große Welt mit allem Drum und Dran, vor allem das Dran, jenes Rampenloch, von dem sie nur hinter vorgehaltener Hand sprachen, hatte es ihnen angetan, obwohl das Taschengeld und jene 50er-Jahre-Verklemmtheit nur verstohlene Blicke erlaubten.“ [1])

Die Soldaten der British Army, die unter anderem in Minden stationiert waren, kannten diese Berührungsängste der Petershagener Gymnasiasten nicht. So berichtete ein Angehöriger des „1st Bn Duke of Edinburgh’s Royal Regiment“ von der hemdsärmeligen Freizeitgestaltung seiner Kameraden am und im Rampenloch in den 1960er-Jahren. Bezeichnend ist der Schluss seiner Ausführungen, die mit der Feststellung schließen: „happy days.“

„We drank in the Company club, sinking as much beer as we could and then in groups made for the perimeter wire of the barracks, avoiding the Provost staff led by Vic HOLE, the

Provo Sgt in his black tracksuit. We then made our way into the town avoiding the Redcaps, and then settled in various bars in and near ‚Rampenloch strass' until we could drink no more, then attempted to get into the Barracks (by a different route of course) to get an hours kip before Muster parade. We always knew who didn't make the return journey by the numbers being ‚Beasted' over at the guardroom the following morning, happy days." [2]*)*

(Sinngemäß übersetzt: „Wir tranken im Company Club, soffen so viel Bier, wie wir nur konnten und begaben uns dann in kleinen Gruppen in Richtung der Umzäunung der Kasernen, umgingen dabei wohlweislich die Leute von der Militärpolizei, vor allem den Sergeant Vic Hole. Dann ab in die Stadt, die ‚Redcaps' vermeidend, in verschiedene Bars im und um das ‚Rampenloch' herum. Dort ließen wir uns volllaufen, bis nichts mehr ging, danach zurück in die Kaserne (auf anderem Weg natürlich), um noch wenigstens ein paar Stunden Schlaf vor dem Appell zu bekommen. Wir wussten immer, wer den Weg zurück nicht zeitig genug geschafft hatte und dafür richtig Ärger in der Wachstube bekam, glückliche Tage.")

Woher aber kommt dieser scheußlich klingende Name „Rampenloch", der in Minden zu einer Art Synonym für Prostitution geworden ist? Das ist nie wirklich und endgültig geklärt worden. Es gibt Vermutungen, dass „Rampen" ein Dialektausdruck für die Innereien des Rindes war, für Gekröse und Kutteln. Wenn es sich so verhielt, dann könnte das Rampenloch, im 15. Jahrhundert noch außerhalb der Stadtmauern, der städtische Schindanger gewesen sein, beziehungsweise die Abdeckgrube. Noch weiter zurück, im hohen Mittelalter, habe sich an derselben Stelle ein Friedhof für zum Tode verurteilte und hingerichtete Kindesmörderinnen befunden.

Die Geschichte der Prostitution in Minden lässt sich bis ins Mittelalter zurückverfolgen. Gut dokumentiert ist sie aber erst seit Mindens Erhebung zur preußischen Garnisonsstadt zu Beginn des 19. Jahrhunderts. Denn nun war die Stadt Anziehungspunkt für viele Prostituierte von nah und fern, die hier mit ihrer Arbeit ihr Auskommen suchten.
Ab 1908 sind verschiedene Prostituierte im Rampenloch als Hausbesitzerinnen nachweisbar. Bald konzentrierten sich hier die Betriebe mit ihrem einschlägigen Angebot an die Soldaten der Garnison und andere „Interessenten". Im Jahre 1960 fand die Errichtung einer Mauer, einer Trennwand statt, die den Zugang zum Rampenloch nur noch über den Königswall zuließ.
Und wie sieht es heute dort aus? Seit der deutschen Wiedervereinigung zogen die Briten nach und nach große Teile ihrer im Westen Deutschlands stationierten Streitkräfte ab. Die Mindener Wirtschaft hat darunter nicht wenig gelitten. Auch die Bordelle sahen nun schwierigen Zeiten entgegen. Im Rampenloch wurde es ruhiger.
Wie zu hören ist, hat die Stadt Minden in jüngster Zeit Immobilien in der berühmtesten Straße ihrer Kommune aufgekauft. Hochwertige Wohnungen sollen dort entstehen. Nur ein Eckhaus aus dem Jahre 1802 und das Kopfsteinpflaster von 1877 sind denkmalgeschützt. Tja, da wird nicht mehr viel übrig bleiben vom einstigen, sagenumwobenen Rampenloch.

[1]) *https://web.archive.org/web/20071014021454/http://gymnasium-petershagen.de/festschrift/express-u.html*

[2]) *http://history.farmersboys.com/Postings/Germany/Minden/minden2.htm*

The Who in Herford

In Herford, wo die Aa in die Werre mündet, besitzt die dortige „Rock-Akademie“ ein Foto, das bizarrer nicht sein könnte. Die Farbaufnahme stammt aus dem Jahre 1967 und zeigt zwei junge Herren in schicker, etwas übertriebener Garderobe. Sie wirken fast wie britische Dandys mit ihren hellen Samt- und Satinjacken. Oder eher wie Persiflagen derselben. Einer von ihnen, der Blonde, grinst freundlich, aber irgendwie etwas verstrahlt in die Kamera. Der neben ihm hat schwarze Haare, hält in seinen Händen mit den goldenen Ringen ein Glas mit einem Getränk und eine Zigarette. Beide stehen vor einer hellen, aber schon recht heruntergekommenen Tapete, die mit Gräsern oder Farnen gemustert ist. So was hatten früher die Großeltern an den Wänden. Links hinten ist ein Spiegel zu erkennen, darüber eine Leuchtstoffröhre, die ein schwaches, kränkliches, gelbes Licht ausstrahlt.
Es muss sich um ein Zimmer in einem sehr preisgünstigen Hotel oder einer Pension handeln. Dort, wo sich früher Waschgelegenheiten auf den Zimmern befanden, die Toiletten und eine Badewanne jedoch im Badezimmer auf dem Flur, gemeinschaftlich von allen Pensionsgästen der jeweiligen Etage zu nutzen. Dort, wo sich eine Ausgabe des Neuen Testaments in einer der Schubladen der Nachtschränke des großen Doppelbetts befand und auf dem runden Beistelltisch ein großer Keramik-Aschenbecher mit Werbeaufdruck „Underberg“ oder „Dornkaat“. Die Fächer des großen, knarrenden, dunklen Kleiderschranks, in dem es komisch roch, waren mit Wachspapier ausgelegt. Die Kleiderbügel hatten allesamt einen Werbeaufdruck. Einige bestanden nur aus gebogenem Draht. Die Betten, in denen genächtigt wurde, waren durchgelegen und die gewaltigen Federbetten immer viel zu warm für die Jahreszeit.

In solchen Zimmern haben menschliche Katastrophen begonnen, ihren Lauf genommen oder geendet. Hier übernachteten alkoholkranke Vertreter, denen die Frau und die Kinder davongelaufen waren, die nichts mehr hatten, für die das Leben nichts mehr bereithielt außer der nächsten Flasche Steinhäger oder Senner Doppelkorn. Vielleicht haben einige von ihnen schon mit dem Gedanken gespielt, jetzt Schluss zu machen. Möglicherweise lag die Sig Sauer schon auf dem Beistelltisch, durchgeladen. Man musste nur noch entsichern, den Lauf in den Mund nehmen und den Mumm aufbringen, abzudrücken. Einfacher gesagt als getan.

Vielleicht haben in diesem Zimmer auch Handwerker übernachtet, die auf Montage waren. Erschöpft und müde nach einigen Bierchen in der Kneipe gegenüber. Haben geschlafen wie Steine, um den nächsten Tag wieder aufzubrechen und keinen Gedanken an die Unterkunft zu verschwenden. Oder die Damen vom nahen Bahnhof hatten mit den Betreibern der Pension ein Abkommen, ihre Freier mit auf die Zimmer nehmen zu dürfen.

Wie dem auch immer gewesen sein mag: Die Herren auf dem Foto waren auf jeden Fall deutlich Besseres gewohnt. Beide machen den Eindruck, als wüssten sie nicht so ganz genau, wo sie sich eigentlich befinden. Vielleicht traf das sogar zu. Es handelt sich nämlich um Roger Daltrey und Keith Moon, den Sänger und den Drummer der britischen Rockband The Who, die 1967 im Herforder Jaguar-Club aufspielte.

Ja, wahrhaftig und tatsächlich, am 10. April trat diese Band, die bereits weltbekannt war, in Herford auf. Es ist aus damaliger und heutiger Sicht fast unglaublich. Und noch weniger war es das für die Mitglieder der Band selbst, die sich offenbar in einem falschen Film wähnten oder die seltsamen Erscheinungen um sich herum möglicherweise als Auswirkungen der konsumierten zahlreichen

Denn sie wissen nicht, wo sie sind: Keith Moon (li.) und Roger Daltrey von The Who im Herforder Hotel Twachtmann, 10. April 1967.

bunten Drogencocktails interpretierten. Obwohl – auch wenn The Who nur noch in Luxuslimousinen herumkutschiert wurden und auch sonst nur noch erster Klasse reisten und in Fünf-Sterne-Hotels eincheckten, so kamen sie doch ursprünglich aus Shepherd's Bush, einem Londoner Stadtteil, der in den 1950er- und 1960er-Jahren nicht zu den besten gehörte. Dort wird es auch solche Hotels wie die Pension Twachtmann in der Herforder Bügelstraße gegeben haben, in der sie sich bei ihrer Deutschland-Tournee wiederfanden. Vielleicht hat es ihnen ja sogar Spaß gemacht oder gezeigt, dass nichts für alle Ewigkeit währt und der Rückfall in eine Absteige in Shepherd's Bush oder sonstwo jederzeit wieder möglich ist. Oder sie waren so zugedröhnt, dass sie es gar nicht so richtig wahrgenommen haben.

Ein jugendlicher Stammgast des Jaguar Clubs, Peter Schütte, schoss mit seiner Amateurkamera übrigens dieses und weitere Fotos von The Who in Herford.

Der Jaguar Club war am 20. Januar 1966 von der Herforderin Carola Frauli ins Leben gerufen worden. Sehr rasch hatte sich dieses umgebaute ehemalige Kino an der Mindener Straße 38 als Auftrittsort für die großen und kleinen Acts der nationalen und internationalen Beat-Szene etabliert. Im ansonsten eher mittelprächtig pulsierenden Herford gaben sich bald die Stars die Klinke in die Hand. Das lag nicht zuletzt an den guten Verbindungen von Carola Frauli zu den Machern des Beat-Clubs von Radio Bremen. Und so schauten viele Musiker*innen nach ihrem Auftritt in Norddeutschland auch im ostwestfälischen Herford vorbei.
Nicht zu überbietender Höhepunkt war das Frühjahr 1967 gewesen. Raumschiffe aus fernen Galaxien landeten in der Stadt und brachten Musik mit, die dort bisher noch niemand – oder nur sehr wenige – so gehört hatte. Am 10. April waren es wie erwähnt The Who. Am 21. Mai ließ sich die erste von den Musik-Kritikern als „Super-Group“ bejubelte Band sehen: The Cream, mit Ginger Baker an den Drums, Jack Bruce am Bass und Eric Clapton an der Gitarre. Ein paar Tage später, am 28. Mai, tauchte gar Jimi Hendrix auf, der sein gerade erschienenes erstes Album vorstellte. Er hat der Herforder Jugend mit der ganzen Gewalt der relativ neuen und in Großbritannien entwickelten Marshall-Verstärker irre Höhen und wahnsinniges Gitarrengekreische in die Mägen und Gehörgänge gebohrt. Ganz so, wie es später von ihm erwartet wurde, bearbeitete er seine Stratocaster mit den Zähnen und der Zunge und allem anderen und spielte seine Gitarre hinter dem Rücken. Nach dieser phonetischen Offenbarung wussten alle Zuhörer, was die Stunde geschlagen hat, wo Nägel mit Köpfen gemacht werden und wo Bartel den Most holt. Einige von ihnen berichten noch heute mit glänzenden Au-

gen davon, dass sie nun bekehrt waren. Sie hatten das Licht gesehen und führten von da an ein Leben, das nicht mehr dasselbe war wie zuvor.

Offenbarung für den einen, Offenbarungseid für die anderen

Robert Schöfer war 1966 15 Jahre alt, lebte in Oerlinghausen und ertrug mit stoischer Ruhe alle Misshelligkeiten der Pubertät. Er besuchte die Mittelschule und seine Eltern glaubten zu wissen, wie sein weiterer Lebensweg verlaufen würde. Sie wollten, dass er nach dem Realschulabschluss zur Höheren Handelsschule ging, da sie insgeheim hofften, er würde dort die Allgemeine Hochschulreife erlangen, mindestens aber sein Fachabitur. Sie wussten, dass er das schaffen würde, er war intelligent, im Moment aber leider durch den adoleszent bedingten Hormonstau nicht ganz zurechnungsfähig. Man musste ihn durch sein weiteres Leben geleiten, musste Handreichungen bieten, musste sanfte Gewalt anwenden. Mit dieser Einstellung waren die Eltern von Robert im Übrigen durchaus fortschrittlich eingestellt.

Robert Schöfer erzählt heute, dass ihn just zu dieser Zeit ganz andere Sorgen plagten. Wenn er die wirklich „duften" Scheiben hören wollte, den „Beat" aus England, dann musste er sich verdammt Mühe geben, denn er hatte keine große Auswahl. Es gab die Möglichkeit, im Röhrenotto auf der verrauschten Mittelwelle Radio Luxemburg 'reinzudrehen. Die wirklich guten Sachen liefen aber irgendwann des Nachts. Tagsüber waren eigentlich nur deutsche Schlager zu hören.

Blieb nur noch BFBS, der „British Forces Broadcasting Service“, der für die Soldaten der British Army Programm machte und einen seiner UKW-Sender glücklicherweise in der Nähe hatte. Aber auch dort gab es unendlich lange Wortbeiträge, immer wieder Sendungen, in denen Soldaten Grüße an ihre Familien schickten, die gerade einmal 100 Meter entfernt von der Kaserne wohnten, und umgekehrt. Aber am Samstagmorgen wurde die „Top-Twenty“ der britischen BBC wiederholt. Das war „spitze“! Die Sprecher klangen wie Wesen aus einer anderen Welt, und sie sagten den nächsten Titel an, während er im Hintergrund bereits lief. Das war unglaublich cool, das hatte etwas Schnelles, Junges.
Ganz selten durfte Robert in Begleitung eines Cousins, der ein Auto besaß, in den „Star-Club“ Bielefeld im ehemaligen „Volkshaus Sudbrack“, um dort Beat-Bands live zu erleben. Das waren großartige Ausbrüche aus dem engen lippischen Elternhaus.
Und dann passierte es! Der Star-Club kündigte den Auftritt einer niederländischen Frauenband an, deren Musikerinnen allesamt vollkommen nackt auf der Bühne stehen würden! Für Robert war sofort klar: Das musste er sehen und hören! Nichts anderes war plötzlich wichtiger als dieser Auftritt. Niemand auf der ganzen Welt würde ihn vom Besuch dieser Veranstaltung abhalten können, kein Elefant, keine Atombombe, kein Dritter Weltkrieg.
Das Schicksal hat ihm den Besuch so schwer wie irgend möglich gemacht, so Robert Schöfer heute in seinem Rückblick. Das Einfachste war noch der Erwerb der Eintrittskarte im Vorverkauf gewesen, obwohl ihn die Frau hinter der Kasse im Star-Club eingehend musterte, um festzustellen, ob er denn wirklich 18 Jahre alt sei. Sie drückte beide Augen zu.

Die von der männlichen Jugend umjubelte Nacktband im Bielefelder Star-Club. Zum musikalischen Gehalt des Abends ist nichts überliefert

Der Auftritt sollte ausgerechnet an einem Mittwoch stattfinden! Schon schlecht. Roberts Cousin mit dem Auto war just in dieser Woche auf Montage in Montabaur. Seine Kumpel konnten nicht mit, hatten kein Geld. Dann ging sein Fahrrad auch noch kaputt. Was tun? Zu Fuß gehen, was sonst! Von Oerlinghausen bis zur Langen Straße in Bielefeld, an der der Star-Club sich befand, waren es 17 bis 18 Kilometer. Das war machbar. Robert schätzte, dass er knapp vier Stunden für einen Weg benötigen würde.

Am Tag des Auftritts verließ Robert um 15:30 Uhr die elterliche Wohnung, um, so sagte er, einen Klassenkamerad zu besuchen. Er würde wahrscheinlich recht spät nach Hause kommen. Seine Mutter schaute skeptisch ob dieser Information.

Anschließend machte sich Robert Schöfer auf die Socken. Beflügelt von dem bevorstehenden erotischen und deshalb geradezu revolutionären Großereignis traf er schon nach dreieinhalb Stunden Fußweg am Star-Club ein. Hier war eine Menge los.

Es wimmelte von jungen Männern, die nacktes Fleisch sehen wollten. Und Robert, dem das Testosteron zu den Ohren herauskam, mitten unter ihnen.
Wie und was die Band schließlich spielte, daran kann sich Robert Schöfer heute nicht mehr so genau erinnern. Der Auftritt sei sowieso im permanent tosenden Applaus der Gäste untergegangen. Für den jugendlichen Robert sei es jedoch das einschneidenste Erlebnis in seinem bisherigen Leben gewesen, eine Offenbarung. Doch für die sich in den 1960er-Jahren in der alten Bundesrepublik langsam und mühsam etablierende Emanzipationsbewegung der Frauen war der Gig der Nackten eher ein Rückschritt, ein Offenbarungseid.

Der Schlächter von Bünde

Die Kripo in Bünde hatte im Juni 1982 über zwei Wochen erfolglos nach ihrem verschwundenen Kollegen Justus Simpler gefahndet. Hauptkommissar Thomas Kuss leitete die Ermittlungen, die einfach zu keinem Ergebnis führen wollten. Am Samstag, dem 3. August des Jahres, fand er schließlich die Leiche von Simpler. Die Umstände waren mehr als seltsam und erschreckend. Im Folgenden ist der Bericht des Thomas Kuss sinngemäß wiedergegeben.
Demnach hatte er am besagten Abend seine Kollegin Petra Straubing vom Raubdezernat zum Essen ins berühmte Restaurant ‚La Giocosa' eingeladen, in dem auch Justus Simpler des Öfteren zu Gast gewesen war.
Sie bestellten ‚Agnello Enzo', die vielgerühmte Spezialität des Hauses, die es nur hin und wieder und zu besonderen Anlässen

gab, wenn der argentinische Rancher dieses besondere Rindfleisch liefern konnte. Das Fleisch schmeckte dermaßen köstlich, dass Thomas Kuss den Chef des Hauses, Enzo Romolo, an den Tisch bat, um ihn in den höchsten Tönen für dessen kulinarische Großtat zu loben. Als Dank bot der Wirt eine kleine Führung durch die Küche an. Kuss war begeistert, Petra Straubing lehnte dankend ab.
Enzo beendete den Rundgang in einem kleinen Keller. Im Halbdunkel erkannte Kuss mit Entsetzen, dass hier, an mächtigen Fleischerhaken, ein toter nackter Mensch baumelte. Bei der Leiche handelte es sich um Justus Simpler. Aus dem Beckenbereich war offenbar Fleisch herausgelöst worden.
Enzo Romolo habe daraufhin dem sprachlosen Hauptkommissar erklärt, dass sich dort die sogenannten „Austern“ befunden hätten. Bei diesen handele es sich um das zarteste und saftigste Fleisch – ob beim Mensch oder beim Tier. Und das hätten Thomas Kuss und Petra Straubing am selben Abend in der Gastwirtschaft verzehrt.
Hauptkommissar Thomas Kuss habe sich daraufhin auf Romolo stürzen wollen, um ihn irgendwie zu fesseln oder zu fixieren. Handschellen und Dienstwaffe habe er nicht dabeigehabt. Bevor das geschehen konnte, hätte Enzo Romolo jedoch eine Pistole mit Schalldämpfer auf Kuss gerichtet und ihm bedeutet, von seinem Vorhaben abzulassen.
Mit vorgehaltener Waffe habe der Gastwirt dann erläutert, wie viel Menschenfleisch er in der Vergangenheit schon als Menü serviert habe. Auch Justus Simpler habe von der verbotenen Frucht genascht. Bis er selbst auf dem Teller landete. Enzo Romolo führte aus, dass er, als Gastronom der Spitzenklasse, sich stets Außergewöhnliches einfallen lassen müsse, damit ihm irgendwann ein Stern im Guide Michelin zuerkannt werde.

Auf Kuss' Nachfrage, was er, Romolo, nun vorhabe, sagte dieser, dass der Hauptkommissar und seine Begleitung ebenfalls für den Verzehr vorgesehen seien.
Etwas Schweres habe Enzo plötzlich von hinten am Kopf getroffen. Er taumelte. Kuss warf sich sofort auf ihn, entwand Romolo die Waffe und hielt ihn so lange am Boden, bis die herbeigerufenen Polizeikollegen eintrafen. Petra Straubing war den beiden Männern, einer plötzlichen Eingebung gehorchend, unauffällig gefolgt, hatte alles mitangehört und -gesehen, sich dann aus einer der Tiefkühltruhen als Waffe eine gefrorene Hirschkeule geholt und damit Enzo Romolo niedergeschlagen.
Die Medien berichteten in der nächsten Zeit ausgiebig über den „Schlächter von Bünde". Auf Bitten von Petra Straubing und Thomas Kuss war den Medienvertreter*innen allerdings verschwiegen worden, dass die beiden Teile ihres ehemaligen Kollegen Justus Simpler verzehrt hatten.

Bloß nicht krank werden!

Das Stadtmuseum Gütersloh macht mit seinen Exponaten zur Medizingeschichte deutlich, dass alle Menschen gut daran tun, möglichst nicht krank zu werden. Allzu gruselig kommen die Ausstellungsstücke daher, die vor vielen Jahren einmal modern waren und in der Medizin als „state of the art" galten. Da lässt schon die Eiserne Lunge aus den 1950er-Jahren äußerst mulmige Gefühle und gleichzeitig großes Mitleid mit jenen aufkommen, die nur mit diesem Monstrum überleben konnten.

Weitere Exponate stammen, unter anderem, aus der Praxis und Sammlung des Gütersloher Arztes Dr. Wilhelm Angenete (1890–1984), dessen Initiative überhaupt erst zur Einrichtung des Museums führte. Er vermachte nämlich dem Heimatverein zwei Grundstücke samt auf ihnen stehender Gebäude mit der Auflage, sie für ein stadtgeschichtliches Museum zu nutzen.

Die Dauerausstellung zur Medizingeschichte mit lokalen Bezügen wuchs und wuchs. Besonders stolz ist das Haus auf den Erwerb des Original-Schreibtisches des Medizin-Nobelpreisträgers Robert Koch. Überdies findet sich auch eine komplett eingerichtete, wunderschöne alte Apotheke in den Schauräumen des Museums.

Aber von was jetzt die Rede sein soll, ist nur etwas für starke Nerven! Vor welchem Arztbesuch fürchtet sich der Mensch seit jeher am meisten? Richtig, vor dem des Zahnarztes! Trotz ständiger Modernisierungen hat sich bis auf den heutigen Tag daran offenbar nicht viel geändert. So erfasst die Besucher*innen ein gewaltiges Schaudern, wenn sie die beiden Zahnarzteinrichtungen mit Tretbohrer und Spülbecken sehen, die eine aus dem Jahr 1925, die andere aus dem Jahr 1955. Die abwaschbaren Sitz- und Rückenlehnen und die Armlehnen, in die sich mutmaßlich zahllose Hände verkrampft haben, erinnern insbesondere ältere

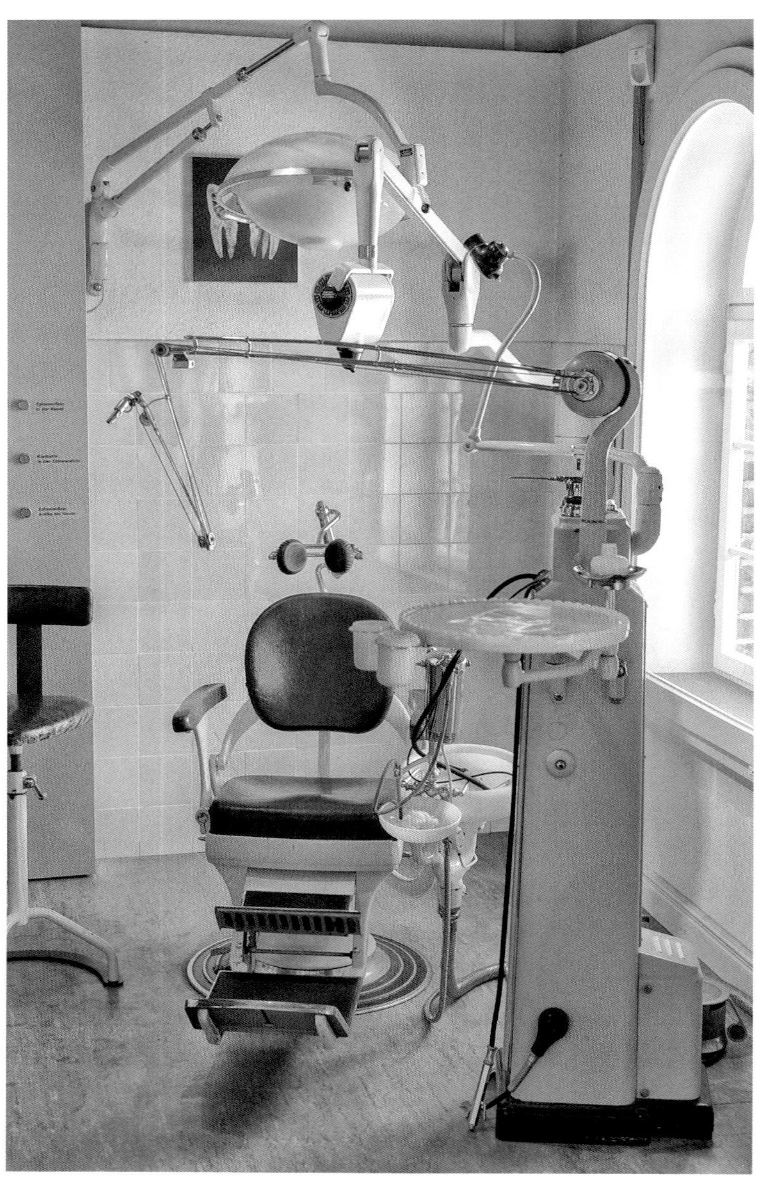

Sieht harmloser aus als sie ist: die historische Zahnarztpraxis im Stadtmuseum in Gütersloh.

Gäste des Museums an eigene schmerzhafte Zahnarztbesuche in längst vergangenen Tagen. Hier erfasst niemanden ein angenehmes Gruseln, sondern ein ganz nahes, greifbares Entsetzen. Fluchtreflexe setzen ein, lassen einen schnell durch das alte, hier wieder aufgebaute Wartezimmer im Vorhof der Hölle schreiten, um sich anderen, vermeintlich weniger entsetzlichen Exponaten zu widmen. Unbedingt fündig werden sie dabei nicht. Die Eiserne Lunge wurde bereits erwähnt. Der zusammenklappbare und somit transportable Gebärstuhl einer Hebamme kann heutzutage ebenfalls kein Vertrauen mehr erwecken. Und die darüber hinaus präsentierten typischen Utensilien der Medizinerschaft? Sie sind notwendig, bleiben aber irritierend.

Trotzdem strömen die Menschen in dieses 1988 gegründete Museum. Das Geheimnis dahinter dürfte sein, dass die ausgestellten Dinge emotional tief berühren. Jede und jeder hat mit ihnen schon einmal zu tun gehabt, in welcher Form und welcher Art auch immer.

Warum ausgerechnet Herford?

Es ist wirklich kein Ruhmesblatt für die ostwestfälisch-lippische Region, dass dort die Bordelldichte eine der größten Deutschlands ist. Insbesondere in den Kreisen Herford und Minden melden sich monatlich zahlreiche Damen und Herren der einschlägigen Gewerbe als Sexarbeiter*innen an. Sie kommen aus allen denkbaren Ländern dieser Welt und ihr Alter reicht von ganz jung bis zur momentan ältesten Sexarbeiterin, die stolze 76 Lenze zählt. Daraus lässt sich schließen, dass alle Geschmäcker in der Region bedient werden. Das wäre alles zwar durchaus menschlich, wenn sich nicht, wie stets, eine für die Polizei schwer zu durchschauende Szene aus Zuhältern, Drogendealern, Menschenhändlern und Schleusern darum herum gebildet hätte, die in aller Regel mit rücksichtsloser Gewalt ihre Vorstellungen durchsetzt. Zu den Betreibern und Nutznießern dieser kriminellen Gemengelage gehören seit jüngerer Zeit wieder Rocker-Gangs, zumeist „Unterabteilungen" der berühmt-berüchtigten Hells Angels und Bandidos.
Trauriger Spitzenreiter, was die Größe und den Umfang des Rotlicht-Milieus angeht, ist die Stadt Herford mit ihren fast 67 000 Einwohner*innen und der zugehörige Kreis mit noch einmal 185 000 Menschen. Hier gibt es eine „extrem hohe Bordelldichte", wie eine Berliner Zeitung feststellte. Allein 80 Bordellbetriebe sind angemeldet und etwa 450 Prostituierte. Aber das sind keine verlässlichen Zahlen. Auch nach Inkrafttreten des neuen Prostitutionsgesetzes am 1. Juli 2017, das eine Anmeldepflicht der Sexarbeiter*innen verfügt hat, bleibt die Dunkelziffer sehr hoch. Nur wenige melden sich tatsächlich an, da sie in der Anonymität bleiben wollen. Wie viele angemietete Häuser und Wohnungen es gibt, die widerrechtlich als Bordelle genutzt werden, ist unklar.

Wie die Vertreter*innen der „Branche“ miteinander umgehen, wird an spektakulären Fällen deutlich, wie etwa jenem im bekanntesten Bordell von Ostwestfalen-Lippe, dem „Großen Kurfürsten“ in Porta. Das Haus hat Geschichte. Ende des 19. Jahrhunderts erbaut, war es zunächst ein luxuriöses Hotel und Restaurant. Im Zweiten Weltkrieg beherbergte es die SS-Sonderinspektion I für die KZ-Außenlager der Region. Wann genau der Niedergang des denkmalgeschützten Hauses einsetzte, ist nicht mehr eindeutig nachzuvollziehen. Der heutige „SG Club Haus Kurfürst“ befindet sich jedenfalls seit 1985 in dem Gebäude. Es handelt sich um ein sogenanntes „Laufhaus“. Vor einiger Zeit wurde auf einen der Türsteher, selbst Mitglied einer polizeibekannten Rockergruppe, nach vorhergehendem Streit geschossen. Der Täter entkam unerkannt. Nach Befragung von vermeintlichen Zeugen und anderen Beteiligten soll dieser etwa 1,80 Meter groß sein, kurze Haare und eine etwas kräftigere Figur haben. Er habe eine schwarze, glänzende Lederjacke ohne Aufdruck getragen. Was für eine Beschreibung! Wahrscheinlich trifft sie auf ein gutes Drittel aller Mitteleuropäer zu. Die Szene hielt dicht, hielt sich an die eisernen Regeln der Verschwiegenheit gegenüber der Polizei.

Wie aber kam es dazu, dass in Herford und Umgebung in Sachen Rotlicht mehr los ist als in Hamburgs St. Pauli? Zu den Standard-Antworten auf diese Frage gehört der Hinweis auf die Nähe zu den viel befahrenen Autobahnen A 2, A 30 und zahlreichen Bundesstraßen, auf denen insbesondere der Verkehr von West- nach Osteuropa und zurück verläuft. Dort führen viele potenzielle Freier, die einfach nur kurz einmal von der Autobahn abfahren müssten, um ihren Wünschen nachzugehen. Kann das eine plausible Erklärung sein? Die benachbarten Städte Bielefeld und Gütersloh liegen auch an der A 2, dort ist aber längst nicht so viel los.

Weitere Bücher aus der Region

Ostwestfalen-Lippe –
1000 Freizeittipps
Ausflugsziele, Sehenswürdigkeiten,
Sport, Kultur, Veranstaltungen
Matthias Rickling
208 Seiten, zahlr. Farbfotos
ISBN 978-3-8313-2291-6

Ostwestfalen-Lippe
in Geschichten und Bildern
Potthast, Pils und Pumpernickel
Sebastian Sigler
80 Seiten, zahlr. Farb- und S/w-Fotos
ISBN 978-3-8313-2150-6

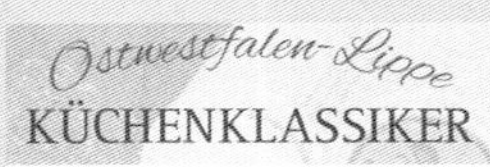

Ostwestfalen-Lippe –
Küchenklassiker
Pickert, Pudding, Pumpernickel
Ira Schneider
96 Seiten, zahlreiche Farbfotos
ISBN 978-3-8313-2475-0

Zeitreise durch Ostwestfalen-
Lippe
Ausflüge in die Vergangenheit
Matthias Rickling, Jan Witt,
Marianne Witt-Stuhr
80 Seiten,
zahlr. Farb- und S/w-Fotos
ISBN 978-3-8313-1662-5

Wartberg-Verlag GmbH
Im Wiesental 1 34281 Gudensberg
www.wartberg-verlag.de

Bücher für Deutschlands Städte und Regione
Tel. 0 56 03 - 93 05 0
Fax. 0 56 03 - 93 05 28